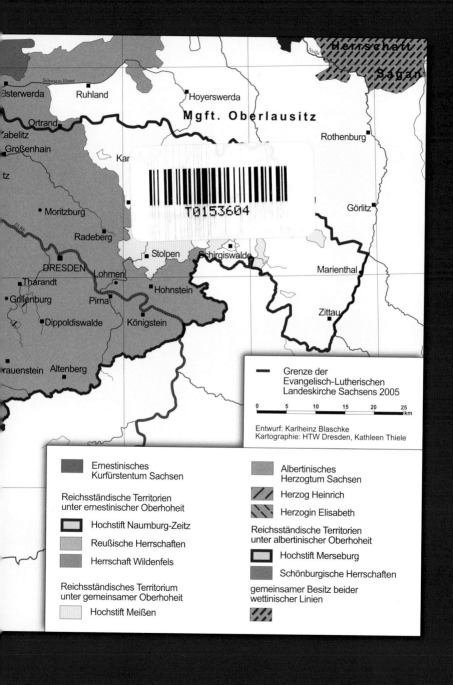

Elsterwerda Ruhland Hoyerswerda **Mgft. Oberlausitz**

Ortrand Rothenburg

abelitz

Großenhain Kar

tz

• Moritzburg Görlitz

Radeberg

DRESDEN Lohmen • Stolpen Schirgiswalde

• Tharandt Marienthal

• Grillenburg Pirna ▪ Hohnstein

• Dippoldiswalde Königstein Zittau

rauenstein Altenberg

Herrschaft Sagan

Schwarze Elster

Legende

| | Grenze der Evangelisch-Lutherischen Landeskirche Sachsens 2005 |

0   5   10   15   20   25 km

Entwurf: Karlheinz Blaschke
Kartographie: HTW Dresden, Kathleen Thiele

Ernestinisches Kurfürstentum Sachsen

Reichsständische Territorien unter ernestinischer Oberhoheit

Hochstift Naumburg-Zeitz

Reußische Herrschaften

Herrschaft Wildenfels

Reichsständisches Territorium unter gemeinsamer Oberhoheit

Hochstift Meißen

Albertinisches Herzogtum Sachsen

Herzog Heinrich

Herzogin Elisabeth

Reichsständische Territorien unter albertinischer Oberhoheit

Hochstift Merseburg

Schönburgische Herrschaften

gemeinsamer Besitz beider wettinischer Linien

T0153604

Region mit Weltgeltung

Christoph Münchow

Region mit Weltgeltung

Sachsen und sein Reformationsgedenken

EVANGELISCHE
VERLAGSANSTALT
Leipzig

Foto: privat

Christoph Münchow wurde 1946 in Zwickau geboren
und besuchte die Kreuzschule und den Kreuzchor in
Dresden, dann Mechanikerlehre und Studium der Evangelischen Theologie in Berlin.
Nach Vikariat und Dienst als Bausoldat wurde er an der
Humboldt-Universität Berlin zum Dr. theol. promoviert.
Ab 1977 Gemeindepfarrer in Dresden, 1982 Direktor
des Predigerseminars Llückendorf (Oberlausitz).
Seit 1990 Oberlandeskirchenrat im Evangelisch-Lutherischen Landeskirchenamt Sachsens, verantwortlich für
Ökumene, Weltmission und Theologische Grundsatz-
fragen, zugleich ist er als Gebietsdezernent zunächst
für Westsachsen, dann für das Dresdner Gebiet und
seit 2007 für die Oberlausitz zuständig.

Die Deutsche Bibliothek verzeichnet diese Publikation in der Deutschen
Nationalbibliographie; detaillierte bibliographische Daten sind im Inter-
net über ‹http://dnb.ddb.de› abrufbar.

© 2011 by Evangelische Verlagsanstalt GmbH · Leipzig
Printed in EU · H 7464

Das Werk einschließlich aller seiner Teile ist urheberrechtlich geschützt.
Jede Verwertung außerhalb der Grenzen des Urheberrechtsgesetzes ist
ohne Zustimmung des Verlags unzulässig und strafbar.

Das Buch wurde auf alterungsbeständigem Papier gedruckt.

Gesamtgestaltung: behnelux gestaltung, Halle/Saale
Coverabbildung: Steffen Giersch, Dresden
Druck und Binden: GRASPO CZ a.s., Zlín

ISBN 978-3-374-02918-1
www.eva-leipzig.de

Inhalt

Die Territorien des Hochstifts Meißen

Die Oberlausitz

Prägungen der Reformation für Sachsen und deren weitere Ausstrahlung

Vorwort

Das Reformationsjubiläum 2017 weckt die Frage nach der Bedeutung der Reformation für die Gegenwart – und die Frage nach den historischen Wurzeln.

Die Lutherstätten in den drei Bundesländern Thüringen, Sachsen-Anhalt und Sachsen finden zunehmend nationales und internationales Interesse. Die Landesregierungen dieser „Kernländer der Reformation" und die Kirchen planen seit 2008 gemeinsam die Lutherdekade bis 2017. Dieser Überblick zu Lutherstätten und zum Reformationsgedenken im heutigen Gebiet des Freistaates Sachsen ist nicht auf das Territorium der Evangelisch-Lutherischen Landeskirche Sachsens begrenzt.

Neben Martin Luther kommen bekannte und weniger bekannte Männer und Frauen der Reformationszeit in den Blick, deren Wirken mit größeren oder kleineren Orten in Sachsen verbunden ist. Der unterschiedliche Beginn und Verlauf der Reformation an verschiedenen Orten illustriert, wie die von Wittenberg ausgehenden Anstöße schnell oder allmählich Fuß fassen. Wie Bürgerinnen und Bürger, Bürgermeister und Pfarrer, Adlige und Landesherren sich zunächst für oder gegen eine Reformation engagieren und wie sich schließlich die Reformation in dem heutigen Gebiet des Freistaates Sachsen ausbreitet.

Auf der Spurensuche ist zu entdecken, wie die klare Ausrichtung auf das Wort der Bibel bekannte oder fast vergessene Menschen an ihren Orten ermutigt, ihnen eine Lebensorientierung gibt und ihr Lebensumfeld prägt.

Die knappe Darstellung muss vieles unerwähnt und unberücksichtigt lassen. Dennoch entsteht am Detail ein vielfarbiges, überraschendes Gesamtbild. Es zeigt Vernetzungen und Querverbindungen zwischen Orten und Personen, zwischen den inneren Anliegen und geistlichen Impulsen der Reformation und den äußeren Bedingungen, die sich begünstigend oder hemmend auswirken. Traditionen und neue Aufbrüche stehen für Kontinuität und Wandel. Flucht, Vertreibung und neue Beheimatung kommen in den Blick, sowohl bei denen, die sich für die Reformation einsetzen, als auch bei ihren Gegnern. Es ist eine wechselvolle Geschichte. Sie ist ein Teil der weltweiten Geschichte der Christenheit, der deutschen und europäischen Geschichte. Die geistlichen, kulturellen, musikalischen, erzieherischen und sozialen Auswirkungen der Reformation machen Sachsen zu einer Region mit Weltgeltung.

Die Auswahl der Orte soll die Breite und Unterschiedlichkeit des Beginns und der Konsolidierung der Reformation in Sachsen lebendig werden lassen. Es sind auch einige Orte berücksichtigt, die an dem in Planung befindlichen „Lutherweg in Sachsen" liegen.

Die Anmerkungen am Ende geben zusätzliche Erläuterungen oder Hinweise auf weiterführende Literatur. Auch dabei ist Vollständigkeit nicht angestrebt.

Viele Menschen unterstützten mich mit Auskünften und Hinweisen. Ihnen allen danke ich. Hinweise auf Fehler oder neueste Forschungsergebnisse sind mir willkommen. Ich danke dem Evangelisch-Lutherischen Landeskirchenamt Sachsens für die Unterstützung des Druckes.

Bei der Beschäftigung mit den Lutherstätten und dem Reformationsgedenken im Gebiet des Freistaats Sachsen habe ich immer wieder Erstaunliches entdeckt, wie die Reformation beginnt und bis in die Gegenwart weiterwirkt. Die Freude daran wünsche ich allen Leserinnen und Lesern.

im Juli 2011
Christoph Münchow

Lutherstätten und Reformationsgedenken im Gebiet des Freistaates Sachsen

Zahlreiche Orte des Reformationsgedenkens und der Erinnerung an das Wirken des Reformators Martin Luther und anderer bedeutender Männer und Frauen der Reformationszeit befinden sich auf dem Gebiet des heutigen Freistaates Sachsen. Der Freistaat Sachsen gehört mit den Bundesländern Sachsen-Anhalt und Thüringen zu den Kernländern der Reformation. Herausragende Orte der Wirksamkeit Luthers sowie der Entstehung und Entfaltung der Reformation liegen in Sachsen. Zu nennen sind beispielsweise Leipzig, Zwickau, Leisnig, Borna, Dresden und weitere Orte. Sie stehen eigenständig neben den Lutherstätten in Eisleben, Erfurt, Eisenach, Wittenberg und Torgau, die mit der Biographie und längeren Aufenthalten Luthers und dem Wirken der Reformatoren eng verbunden sind.

Philipp Melanchthon, Georg Spalatin, Justus Jonas, Caspar Cruciger und Friedrich Myconius waren im Gebiet des heutigen Freistaats Sachsen tätig. Katharina von Bora wurde 1499 in Sachsen geboren, wohl in Hirschfeld bei Deutschenbora in der Nähe des jetzigen Autobahndreiecks Nossen, nach anderer Überlieferung in Lippendorf bei Borna. Sie legte 1515 im Kloster Nimbschen bei Grimma die Gelübde ab. Von dort entfloh sie Ostern 1523 nach Wittenberg. 1525 heiratete sie Martin Luther. Sie starb 1552 in Torgau. Herzogin Elisabeth von Sachsen führte in ihrem Territorium die Reformation ein.

Luther und die anderen Wittenberger Reformatoren haben sich im Gebiet und in Ortschaften des heutigen Freistaates Sachsens meist nur für kürzere Zeit aufgehalten.[1] Es gab indes vielfältige Verbindungen, die für die Ausbreitung und Weiterentwicklung und Konsolidierung der Reformation entscheidend wurden. Sie beruhten auf freundschaftlichen Kontakten zu einzelnen Personen, auf intensivem Briefwechsel mit kirchlich oder politisch Verantwortlichen über aktuelle Fragestellungen oder auf speziell für diese Orte abgefassten Schriften. Diese gewannen eine über die örtliche Situation hinausgehende grundsätzliche Bedeutung für den Fortgang der Reformation.

Mit Sachsen sind Ereignisse und Klärungen verbunden, die entscheidend für die Reformation waren und bis heute weiter wirken:

Die Leipziger Disputation bringt 1519 die Differenzpunkte zum Papsttum und zur alten katholischen Kirche zutage.

1523 entwickelt die Leisniger Kastenordnung für einen „Gemeinen [gemeinsamen] Kasten" zur Finanzierung der Armenfürsorge wesentliche Grundlagen protestantischer Sozialethik.

Die Hochschätzung des Gewissens und die Ermahnung Luthers, dem Gewissen zu folgen und nicht wider das Gewissen zu handeln, sind eindrucksvoll in Briefen zu Ereignissen in Frauenstein und Neuhausen im Erzgebirge formuliert.[2]

In einem Brief aus Anlass der Wurzener Fehde formuliert Martin Luther 1542 einige Grundzüge evangelischer Friedensethik.

Nach der Veröffentlichung der 95 Thesen am 31. Oktober 1517 verbreiten sich Luthers Gedanken und die reformatorischen Anliegen rasch und weit über die Grenzen Deutschlands hinaus, später verstärkt durch die Nachricht, dass Luther die Bannandrohungsbulle am 10. Dezember 1520 vor dem Elstertor zu Wittenberg verbrannt hatte. Die Reformation nimmt zumeist in den Städten ihren Anfang. Sie erfasst zunächst einzelne Familien und Privathäuser[3], dann weitere Teile der Bürgerschaft oder alle Einwohner und breitet sich von da in die umliegenden Regionen aus.[4]

Den Anfangsimpuls gibt die evangelische Predigt, die sich auf die Bibel Alten und Neuen Testaments stützt. Die Predigten stellen das vollständige und die Gnade Gottes vermittelnde Wirken Jesu Christi ins Zentrum, so dass nun die fürbittende Mittlerschaft Mariens und der Heiligen ebenso wenig erforderlich waren wie das eigene „verdienstliche Tun", um durch Ablässe, Seelenmessen und Wallfahrten das Heil zu erwirken. Die reformatorische Wiederentdeckung bringt ans Licht, dass nach biblischem Zeugnis die Gewissheit des Heils allein auf dem vertrauenden Glauben an die feste Zusage Gottes beruht. Daher soll nun aller Dienst am Nächsten aus Dankbarkeit und „reiner Liebe" geschehen und nicht mehr mit der Absicht verbunden sein, effektiv zum eigenen Seelenheil beitragen zu können oder zu müssen. Wo die Reformation Fuß fasst, machen sich eine Aufbruchsstimmung und Befreiung breit, die auch bei Widerspruch andauern und faszinieren. Das Verhältnis des Einzelnen und der Gemeinschaft zu Gott und zu den Mitmenschen gewinnt eine neue Ausrichtung und Tiefe.

Zu Kennzeichen reformatorischer Kirchlichkeit werden die Ausspendung des Abendmahls unter beiderlei Gestalt mit der Einführung des Laienkelches sowie die Gottesdienste und Taufen in deutscher Sprache, dazu das Singen der eilends durch Flugblätter und die ersten Gesangbücher verbreiteten evangelischen deutschen Lieder und schließlich eine geordnete Verantwortung der Gemeinden oder Patronatsinhaber in geistlichen und äußeren Fragen des kirchlichen Lebens. Bald wird auch die Verheiratung von Priestern zu einem Charakteristikum des evangelischen Kirchenwesens. Nach zaghaften Anfängen verbreitet es sich zunehmend, den Zölibat nicht mehr zu fordern, um dem grassierenden Konkubinat ein Ende zu bereiten. Mit Visitationen der eigens dafür eingesetzten Kommissionen werden die kirchlichen und schulischen Angelegenheiten neu geordnet.[5] Für die Erfüllung der sozialen Aufgaben bildet in den Kommunen die Einrichtung eines „Gemeinen Kastens" eine neue finanzielle Grundlage.

Für den Fortgang der Reformation wird entscheidend, in welcher Weise die Räte der Städte, der Landadel[6], die Herzöge und der Kurfürst, die Bischöfe, Stifter und Klöster als Inhaber der politischen Macht oder der Patronatsrechte einschließlich der Rechte bei der Pfarrstellenbesetzung in ihren Territorien die Reformation gewähren lassen oder befördern – oder vielmehr von Grund auf bekämpfen.

Daher sind der Beginn und die Entfaltung der Reformation sowie die persönlichen Kontakte der Reformatoren zu Orten und Personen in den verschiedenen Regionen des heutigen Freistaates Sachsen wechselvoll und vielgestaltig. Entscheidend ist, ob es sich um das Gebiet des ernestinischen Kurfürstentums Sachsen, um das albertinische Herzogtum Sachsen, um das Territorium der Bischöfe von Meißen, Merseburg oder Naumburg oder um das Gebiet der Oberlausitz handelte, das der Böhmischen Krone unterstand. Dieses lokale Geschehen ist als Teil der deutschen Geschichte und der europäischen Geschichte des Reformationszeitalters prägend bis heute.

Der Weg der Reformation in den unterschiedlichen historischen Territorien im Gebiet des heutigen Freistaates Sachsen

Mit der *Leipziger Teilung* Sachsens im Jahr 1485 beginnt die Aufgliederung der wettinischen Besitzungen in einen mit der Kurwürde verbundenen ernestinischen Teil und einen albertinischen (meißnischen) Teil. Die Silberbergwerke des Erzgebirges und die Stifter Meißen und Wurzen bleiben in gemeinsamer Oberhoheit. Die angestrebte territoriale Verzahnung beider Herrschaftsgebiete[7] kann indes Spannungen über wirtschaftliche und politische Fragen nicht verhindern. Dazu kommen tiefgreifende Konflikte aufgrund der unterschiedlichen Haltung zur Reformation.

Das ernestinische Herrschaftsgebiet wurde ab 1486 von Kurfürst Friedrich dem Weisen (1463–1525) regiert: Er residiert in Torgau, Wittenberg und Lochau-Annaburg und fördert die Reformation wie seine Nachfolger, Johann der Beständige (1468, Kurfürst ab 1525) und Johann Friedrich I. der Großmütige (1503–1554, Kurfürst 1532 bis 1547).

In ihrem Herrschaftsgebiet kann sich die Reformation ungehindert entfalten, ausgehend von dem mit der Kurwürde verbundenen Kurkreis um Wittenberg nach Torgau und Eilenburg, dann von Grimma mit Leisnig, Colditz und Borna über Altenburg bis Zwickau und nach Schwarzenberg, darauf über das westliche Erzgebirge weiter nach dem Vogtland bis hin zu den westlich gelegenen Gebieten, die jetzt zum Freistaat Thüringen gehören.

Die von Luther und Melanchthon von Wittenberg aus angeleiteten Kirchenvisitationen sorgen für ein stabiles evangelisches Kirchenwesen im ernestinischen Sachsen. Im Zuge dieser Visitationen, zunächst in Borna 1526 und dann in größerem Umfang 1528/29 sowie 1533/34, entstehen

---

Abbildung rechts: Kurfürst Friedrich der Weise (nach Lucas Cranach d. J., 1586)

Von Gottes gnaden / Hertzog Friederich der Dritte / Churfürst zu Sachsen / etc.

F Riedrich bin ich billich genandt /
  Den schönen Fried erhielt ich im Land.

Durch

die Superintendenturen Oelsnitz, Plauen, Leisnig, Colditz und Grimma. Diese Regionen gehören jetzt zum Gebiet der Evangelisch-Lutherischen Landeskirche Sachsens.

Die Visitationen sorgen für ein geordnetes Kirchen- und Schulwesen und für eine geregelte Armenfürsorge. Sie widmen sich der Festigung evangelischer Lehre in den Predigten, dem evangelischen Verständnis von Taufe und Abendmahl und dem evangelischen Gottesdienst sowie der Bestellung geeigneter Pfarrer samt Sicherung der Lebensgrundlage für die Geistlichen und für die Schullehrer.

Das für den Beginn und die Entwicklung der Reformation wichtige Gebiet um Torgau mit der 1529 errichteten Superintendentur Eilenburg wurde 1815 als „Wittenberger Kreis" politisch und kirchlich Preußen eingegliedert. Mit der Zerschlagung der Länder in der DDR wurden 1952 Teile dieser Region dem Bezirk Leipzig zugeordnet. Sie gehören jetzt zum Freistaat Sachsen. Kirchlich gehörte dieses Gebiet zur Evangelischen Kirchenprovinz Sachsen, die sich am 1.1.2009 mit der früheren Evangelisch-Lutherischen Kirche in Thüringen zur Evangelischen Kirche in Mitteldeutschland vereinigte.

Das albertinische Herrschaftsgebiet umfasste die meißnischen Ämter, zu denen unter anderen die Ämter Pirna, Dresden, Großenhain, Meißen, Oschatz, Freiberg, Chemnitz, Rochlitz, Annaberg und Wolkenstein gehörten, davon abgetrennt der Raum um Delitzsch, Leipzig, Pegau und Zwenkau sowie die auf dem Gebiet des jetzigen Freistaates Thüringen liegenden Ämter Langensalza, Weißensee, Eckartsberga und Weißenfels. Herzog Georg der Bärtige (1471–1539) residiert als Herzog ab 1500 in Dresden. Ihm liegt angesichts der offenkundigen Missstände eine Reform der Kirche sehr am Herzen. Seine Versuche, die Klöster zu visitieren, oder seine Vorschläge auf dem Leipziger Landtag von 1538, den Laienkelch und die Priesterehe zu erlauben, stoßen auf den Widerstand der

---

Abbildung rechts: Herzog Georg und Gemahlin Barbara (16. Jahrhundert)

Ist von der vnser natur
Zu der zeit vier vnddreissig Jar
Welches vnger Zale war
kurz vor fasnacht todlich abging
Uf dieser erd mein end empfing
Zu metten sich begraben ich
Der selben got erbarme sich

römischen Kurie sowie der Bischöfe von Meißen und Merseburg.[8] Seit der Leipziger Disputation 1519 wird der Herzog zum entschiedenen Feind Luthers und ein Gegner der von Wittenberg ausgehenden Reformation und ihrer zahlreichen Sympathisanten in seinem Herrschaftsgebiet.

Er erlässt Mandate gegen Luther und seine Anhänger, bestraft die Verbreitung evangelischer Lehre mit Gefängnis und verweist lutherisch Gesinnte aus seinem Herrschaftsgebiet. Es gelingt ihm jedoch nicht, in vielen Städten den Willen zur Reformation zu unterbinden und reformatorische Bestrebungen von seinen Landen fernzuhalten.

Bereits zu seinen Lebzeiten führt 1537 sein Bruder Herzog Heinrich der Fromme (1473-1541) in den ihm durch den brüderlichen Vertrag von 1505 zugewiesenen *Ämtern Freiberg und Wolkenstein* die Reformation ein. Seine Gemahlin, Herzogin Katharina von Mecklenburg, die sich seit Jahren offen zum evangelischen Glauben bekannt hatte, unterstützt ihn tatkräftig.

Die Schwiegertochter Herzog Georgs, Herzogin Elisabeth, war die Schwester des hessischen Landgrafen Philipp. Nach dem Tod ihres Gemahls, Herzog Johann, fördert sie in dem ihr 1537 als Witwensitz zugefallenen *Amt Rochlitz mit Geithain und Mittweida* mit Umsicht reformatorische Bestrebungen unter Schonung der Gewissen der „altgläubigen" katholischen Bevölkerung.

Erst nach dem Tod Herzog Georgs kann im albertinischen Sachsen unter Herzog Heinrich dem Frommen die Reformation eingeführt werden. Unter dem Schutz und mit dem entschlossenen Handeln des Landesherrn gelangt nun die jahrelang in manchen Städten und Dörfern restriktiv niedergehaltene Reformation der Kirche „von unten" zum Durchbruch. 1539 erscheint die so genannte „Heinrichsagende", die im Wesentlichen Justus Jonas verfasst hat. Sie enthält unter anderem Bestimmungen zur Taufe, zur Beichte, zur Trauung und zum Abendmahl sowie eine Ordnung für die evangelischen Gottesdienste in deutscher Sprache für die Städte und eine Gottesdienstordnung für die Dörfer.

Die Visitationen 1539/1540 und in den folgenden Jahren ermöglichen nun auch in diesem Landesteil eine kirchliche Neuordnung nach evangelischen Grundsätzen mit der Einführung evangelischer Predigt und des evangelischen Gottesdienstes. Nunmehr werden evangelische Pfarrer auch administrativ eingesetzt. Die Klöster werden geschlossen, wenn die Ordensleute geflohen waren, oder werden durch Beschlüsse aufgelöst, die zumeist auch die künftige Versorgung der Ordensleute regeln. Der Klosterbesitz wird zur Unterhaltung von Kirchen und Schulen bestimmt, um den Unterhalt für Pfarrer und Lehrer und die Erhaltung der oft vernachlässigten Kirchen, Pfarrhäuser und Schulgebäude zu sichern.

Klare Regelungen werden notwendig, weil neben den Herrschaften, die eine Reformation aktiv fördern oder ihr nicht mehr ablehnend gegenüberstehen, ein Teil des Adels sich kurzerhand das Kirchengut und die Ländereien angeeignet hatte, die für die Besoldung von Pfarrern oder Lehrern bestimmt waren. Die Adligen und auch die Räte mancher Städte müssen angehalten werden, ihren Verpflichtungen gegenüber Kirche und Schule nachzukommen. In Pirna, Dresden, Meißen, Oschatz, Großenhain, Leipzig, Chemnitz, Freiberg, Annaberg und Rochlitz entstehen Superintendenturen zur geistlichen Leitung der neu entstehenden Kirchenbezirke, in denen zugleich die rechtlichen und ökonomischen Angelegenheiten zu regeln sind.

Mit Herzog Moritz, 1521 in Freiberg geboren, seit 1541 Herzog, dann Kurfürst in den Jahren 1547 bis 1553, beginnt das albertinische Kurfürstentum. Nach der Wittenberger Kapitulation am 19. Mai 1547 muss der ernestinische Kurfürst Johann Friedrich I. auf die Kurwürde samt dem Kurkreis, ferner auf die ernestinischen Besitzungen im Meißner Land sowie auf seinen Anteil an den Bergstädten verzichten. Es entsteht ein in sich geschlossener Flächenstaat. Dies begünstigt die Herausbildung einer evangelisch-lutherischen Landeskirche in dem kursächsischen Territorium in damaliger Ausdehnung, deren Konsolidierung sein Bruder August, geboren 1526, als Kurfürst in den Jahren 1553 bis 1586 wirkungsvoll fortsetzt.

Die Territorien des Hochstifts Meißen bildeten einen besonderen Bereich innerhalb des Gebietes der geistlichen Jurisdiktion der Bischöfe von Meißen, das sich von der Mulde nach Süden und nach Osten bis in die Oberlausitz erstreckte, die zur Böhmischen Krone gehörte.

Das Bistum Meißen, 968 von Kaiser Otto I. gegründet, unterstand wie die Bistümer Naumburg und Merseburg der Schutzherrschaft der Wettiner. Die Bischöfe waren Reichsfürsten und somit reichsunmittelbar. Die Rechte eines Landesherrn konnten sie jedoch nur im Gebiet ihres Hochstifts ausüben. Das Hochstift Naumburg-Zeitz besaß nur wenige Dörfer im Westen Sachsens. Das Gebiet westlich der Zwickauer Mulde gehörte zum Bistum Merseburg, dessen Stiftsterritorium nach Osten bis in das Gebiet um Leipzig reichte.

Die Bischöfe von Meißen verfügten über kein einheitliches und geschlossenes eigenes Territorium. Sie waren die Territorialherren mit eigener Gerichtsbarkeit in dem kleinen Territorium des Hochstifts um Wurzen, um Mügeln, weiterhin um Stolpen mit Bischofswerda zuzüglich weiterer kleiner Gebiete in der Oberlausitz. Dazu kamen die Stiftsdörfer im Raum um Meißen, Dresden und Großenhain, die in das Markgrafentum Sachsen eingebunden blieben, sich aber in der Verwaltung und Nutzung des Domkapitels befanden.[9]

Die Meißner Bischöfe mussten sich immer wieder der Versuche der Wettiner erwehren, durch die Aneignung dieser Gebiete ein geschlossenes und einheitliches eigenes Territorium zu schaffen. Die Bischöfe residierten zumeist in Stolpen, Wurzen oder Mügeln, besonders nach dem Ausbau des Meißner Schlosses zur Albrechtsburg, da die Nähe zur weltlichen Herrschaft für die eigene Unabhängigkeit als hinderlich gelten musste.

Die Bischöfe von Meißen widersetzen sich den reformatorischen Bestrebungen, die allerorten in ihrem Bistum aufflackern. Die Gegenmaßnahmen bleiben letztendlich erfolglos, beispielsweise die Visitation von 1522, die Erhebung der Gebeine des heiliggesprochenen Bischofs Benno im Dom zu Meißen am 16. Juni 1524 unter Bischof Johann VII. von Schleinitz sowie die Beschwerde seines Nachfolgers, Bischof Johann VIII. von Maltitz, bei König Ferdinand im Jahre 1539, dass die sächsischen Fürsten kein Recht zur Reformation *(ius reformandi),* sondern lediglich ein Schutzrecht *(ius protectionis)* hätten.[10]

In den zum Hochstift gehörenden Territorien gelingt es indes leichter, die Reformation zu verhindern. Aber hier und da werden auch in diesem Gebiet evangelische Geistliche eingeführt. Im Mai 1555 muss der letzte Bischof des alten Bistums Meißen, Johann IX. von Haugwitz, in einem Vertrag versichern, nach seiner Wahl alle Beschlüsse des Meißner Landtags im Stiftsgebiet durchzuführen und das Amt Stolpen im Tausch gegen das Amt Mühlberg Kurfürst August zu überlassen. Das geschieht dann 1559. Bischof Johann IX. zieht sich nach Wurzen und nach Mügeln zurück. 1579 unterschreibt er die Konkordienformel, die von Domherren des Meißner und Wurzener Stiftes zwei Jahr zuvor unterzeichnet worden war. Am 10. Oktober 1581 erklärt er seinen Rücktritt. Er verzichtet auf Hochstift und Domkirche zugunsten des Domkapitels, heiratet im Jahr darauf und stirbt 1595.

Die vertragliche Ausgestaltung der Kapitulation von 1581 bezweckt unter Einhaltung der reichsrechtlichen Bestimmungen die Erhaltung des Stiftes, aber die Bekenntnisprägung, der die Stifter dienen sollten, wird verändert. Das Bistum Meißen existierte nicht mehr.[11] Das katholische Hochstift wird zu einem evangelischen Hochstift. Mit diesem Vertrag wird der Fortbestand des evangelischen Hochstifts Meißen und des evangelischen Domstifts St. Marien Wurzen bis auf den heutigen Tag begründet. Für das Wurzener Territorium wird eine besondere Stiftsregierung in weltlichen und geistlichen Sachen bestimmt, die bis 1814 bestand.

Die besonderen Verhältnisse in der Oberlausitz sind darin begründet, dass die Lausitz als deutsches Reichslehen bis 1635 Teil der Böhmischen Krone war. In dem abgelegenen Gebiet können die böhmischen Könige keine starke Landesherrschaft etablieren. Sie ernennen zwar aus dem böhmischen Adel stammende Landvögte, die auf der Bautzner Ortenburg residieren. Bestimmend indes sind einerseits der Sechsstädtebund mit Görlitz, Zittau, Löbau, Kamenz und Lauban und mit der Stadt Bautzen, die den Vorrang beansprucht, andererseits die jeweiligen regionalen Landesherrschaften, seien es Adlige oder Klöster. Aufgrund dieses singulären Sonderstatus kann hier bereits ab 1520 die Reformation Fuß fassen – früher als im benachbarten Gebiet des Herzogtums Sachsen.

In diesem Territorium fehlt eine straffe Zentralgewalt, die das Land eindeutig für oder gegen die Reformation festlegen kann. Die Entscheidung liegt jeweils bei den Ständen.[12] Wittenberger Studenten bringen die reformatorische Lehre in ihre Heimat. Am Anfang reformatorischer Bewegungen stehen meist die evangelische Predigt, Taufen in deutscher Sprache und die Abendmahlsspendung in beiderlei Gestalt.

Als die Oberlausitz im Jahre 1526 nach dem Tod des 17-jährigen polnischen Jagiellonen Ladislav II. an Habsburg zurückfällt, war hier die Reformation bereits in Gang gekommen.[13] Zunächst behalten die „altgläubigen" Katholiken meist die Oberhand. Katholisch bleiben das Domstift Bautzen mit der Pfarrei Dom St. Petri (zum Teil), die Klöster St. Marienstern und St. Marienthal mit den ihnen zugeordneten Pfarreien.[14] Da es keine eigene evangelische kirchliche Verwaltung gibt, ist das Oberamt in Bautzen faktisch die oberste Instanz für die Evangelischen, obgleich das Bautzner Kollegiatstift die geistliche Gerichtsbarkeit auch über die Evangelischen beansprucht. In wachsender Zahl entscheiden sich bäuerliche Gemeinden oder kleine Landstädte gegen ihre katholisch gebliebenen Grund- und Patronatsherren und verhelfen der Reformation in ihren Orten in zuweilen jahrzehntelangem Ringen mit ihrer Obrigkeit zum Ziel, obwohl diese katholischen Adligen als Inhaber des Patronatsrechts die Reformation verhindern wollen und die Rekatholisierung beabsichtigen. Auch einzelne Klosterdörfer werden evangelisch.

Als 1538 König Ferdinand I. von Böhmen zur Erbhuldigung in Bautzen erscheint, haben seine Anwesenheit wie auch seine früher erlassenen Befehle gegen die wachsenden reformatorischen Bestrebungen in den Städten der Lausitz keine negativen Auswirkungen für die jungen evangelischen Gemeinden.[15] Einige Gemeinden werden erst in der zweiten Hälfte des 16. Jahrhunderts evangelisch, manche erst kurz vor Beginn des Dreißigjährigen Krieges, beispielsweise Malschwitz, Klix, Bernstadt, Gaussig und Kleinbautzen. Fast ein Jahrhundert dauert die Konsolidierung der Reformation in der Oberlausitz.

Eine Gesandtschaft der Oberlausitzer Stände nach Prag scheitert 1609 bei dem Versuch, den Schutz der Religionsausübung der evangelischen

Gemeinden gemäß der Augsburgischen Konfession zu erlangen. Im Spätsommer 1619 kann lediglich eine Bestätigung („Assekuration") des geltenden Zustandes durch König Matthias erreicht werden.

Die Sorge um das Fortbestehen der evangelischen Konfession beherrscht die politischen Aktivitäten vor Ausbruch des Dreißigjährigen Krieges und unmittelbar nach der Niederlage der Evangelischen Stände in der Schlacht am Weißen Berg bei Prag am 8. November 1620. Wie schon in früheren Jahren bleiben jedoch die Bestrebungen der böhmischen Könige zur Eindämmung oder Beseitigung der Reformation in der Lausitz erfolglos. Als 1635 beide Lausitzen endgültig an Kursachsen kommen, verpflichten sich die Albertiner zum Schutz der katholischen Klöster und der katholischen Sorben beider Lausitzen in den 13 katholischen Pfarreien. Es gibt einige gemischt konfessionelle Orte. Das Vorhandensein zweier Konfessionen „trug dazu bei, dass sich mancherorts eine konfessionelle Koexistenz ausprägen konnte, dass aber auch konfessionelle Auseinandersetzungen zwischen Katholiken und Lutheranern auf engem Raum nicht ungewöhnlich waren".[16]

Die Aufenthalte der Reformatoren und der Beginn und die Konsolidierung der Reformation in Sachsen in den unterschiedlichen Territorien und Orten

Erstaunliche Entdeckungen kann machen, wer Luthers Wegen und Aufenthaltsorten im Bereich des heutigen Freistaats Sachsen nachgeht und darüber hinaus in den Blick nimmt, zu welchen Orten prägende Beziehungen Luthers und der anderen Reformatoren bestanden. Es entsteht ein facettenreiches Bild vom Aufkeimen, vom Anwachsen und von der Konsolidierung der Reformation. Vielfältige Vernetzungen und Verbindungen der Personen sowie der Herausforderungen und Aufgaben, die an den Orten jeweils zu lösen waren, werden sichtbar.

Im Folgenden wird nicht – wie zumeist üblich – eine chronologische Darstellung der Ereignisse gegeben. Ohne Anspruch auf Vollständigkeit sind Orte beispielhaft ausgewählt. An ihnen kann die Vielfalt gezeigt werden, wie die von Wittenberg ausgehenden reformatorischen Anstöße Widerhall finden und sich oft im Kleinen oder in einer Bewegung „von unten" Bahn brechen, dann je nach den herrschaftlichen Verhältnissen fortgeführt werden können und in dauerhafte kirchliche Strukturen und in ein protestantisch geprägtes Gemeinwesen münden.

Die im Folgenden aufgenommenen Orte stehen exemplarisch für die Gesamtheit. Sie sind jeweils in alphabetischer Reihenfolge nach den für sie bestimmenden Territorialherrschaften aufgeführt. Das Gebiet der Schönburgischen Herrschaften wird dem ernestinischen Territorium und das Herrschaftsgebiet der Meißner Bischöfe dem albertinischen Territorium zugeordnet.

Ernestinisches Sachsen

Borna und das Gut Zöllsdorf

Luther reist häufig über *Borna*[17] und verweilt dort. Der Reichsacht wegen kann er nicht den Weg über Leipzig nehmen, das im Territorium Herzog Georgs liegt. Die längere Route über Grimma wird dann gewählt, wenn in Torgau Station gemacht werden soll, besonders, nachdem ab 1525 der neue Kurfürst Johann hauptsächlich in Torgau residiert. Als Luther Anfang März 1522 die Wartburg verlässt und nach Wittenberg zurückkehrt, logiert er bei dem Geleitsmann Michael von der Straßen im Haus Am Markt 9. Er kündigt am 5. März in seinem berühmt gewordenen Brief dem Kurfürsten mit Glaubensmut und Unerschrockenheit seine Rückkehr an: Er vertraue einem höheren Schutz, als „Euer Kurfürstlichen Gnaden gewähren können".

Luther benutzt zur Rückkehr nach Wittenberg und in den folgenden Jahren die alte Straße über Kitzscher, Otterwisch, Pomßen, Polenz und muss zwischen den beiden im Kurfürstentum liegenden Dörfern Machern und Gotha seinen Weg durch das Wurzener Stiftsgebiet nehmen, um nach Eilenburg und von dort nach Wittenberg zu gelangen.

Auf der Reise nach Zwickau kommt er wenige Wochen später nach Borna, wo er am 26. April zweimal predigt, ebenso auf der Rückreise am 3. und 4. Mai. Die Predigten druckt zuerst Nikolaus Widemar in Eilenburg im Auftrag des Leipziger Druckers Wolfgang Stöckl.[18]

Schon 1519 hatten die Bornaer in Wittenberg um einen „feinen Prediger" gebeten. Ab 1520 ist Wolfgang Fuß in Borna evangelischer Prediger, gerufen vom Rat und der Gemeinde. Ihm folgt 1523 für zehn Jahre Georg Mohr. Anfang Mai 1523 kommt der zuständige Merseburger Bischof Adolf von Anhalt zur Visitation nach Borna. Ihm klagt der katholische Pfarrer Johann Koch, der mit Fuß im Streit liegt, dass an den Wochentagen niemand zur Kirche komme und die Sakramente und anderen Weihungen verachtet würden.

1526 findet in Borna die erste Visitation im Auftrag des Landsherrn durch den Altenburger Pfarrer Georg Spalatin und den Bornaer Geleits-

GEWEIHT 1884

mann Michael von der Straßen statt. Es zeigt sich, dass für die weitere Durchführung von Visitationen noch weitere Klärungen herbeigeführt werden müssen.[19] Eine weitere Visitation folgt 1528. Im gleichen Jahr weilt Luther erneut in Borna, dann noch einmal 1533 mit Melanchthon, Spalatin und anderen Visitatoren. 1547 wird die Superintendentur Borna begründet.[20] In der folgenden Zeit reist Melanchthon am 21. September 1554 und am 15. September 1555 über Borna.

In der Nähe Bornas, zu Neukieritzsch gehörend, liegt das *Gut Zöllsdorf*, das Luther 1540 für seine Frau Katharina erwirbt. Häufig reist sie mit ihrem Pferdefuhrwerk in das „Gütlein", das in zwei Tagesreisen von Wittenberg zu erreichen ist. Oft bleibt sie mehrere Wochen „in ihrem neuen Reich"[21], kümmert sich um die Erhaltung der Gebäude und um den Garten und die Landwirtschaft. Sie produziert hier ansehnliche Mengen an Nahrungsmitteln für die umfangreiche Wittenberger Hauswirtschaft mit der großen Familie und vielen Gästen. In Zöllsdorf wird 1883/84 ein Denkmal für Martin und Katharina Luther errichtet.

Colditz

Älter als die nach 1200 als Kaufmannssiedlung mit der St. Nikolaikirche gegründete Stadt Colditz ist die Burg. Die Herrschaft Colditz wird 1404 dem Territorium der Meißner Markgrafen eingegliedert. Das 1504 abgebrannte Schloss lässt Friederich der Weise neu aufbauen. In Colditz wird 1483 Wenzeslaus Link geboren, der zum engeren Kreis um Luther gehört und nach 1523 als Pfarrer in Altenburg und bis zu seinem Tod 1547 in Nürnberg wirkt.

In der näheren Umgebung von Colditz reicht Pfarrer Johannes Stumpf in Schönbach um 1521 das Abendmahl unter beiderlei Gestalt, verändert die Messe und heiratet. Dafür muss er sich mit Franz Klotzsch, dem Pfarrer von Großbuch, 1522 vor dem Merseburger Bischof rechtfertigen. Zu den ersten evangelischen Pfarrern in Colditz zählt Wolfgang Fuß. Er

Abbildung links: Neukieritzsch bei Borna, früher Zöllsdorf
Obelisk mit Bildnis Martin und Katharina Luther (Adolf Donndorf, 1884)

gehört der Visitationskommission an, die im Mai und Juni 1529 die Ämter Leisnig, Grimma, Colditz und Eilenburg visitiert und Augustin Himmel zum Superintendenten für die neu errichtete Superintendentur Colditz beruft. Sie besteht bis 1841. Evangelische Gottesdienste werden in der Stadtkirche St. Egidien gefeiert. Die St. Nikolauskirche wird seit 1567 als Gottesackerkirche genutzt und erhält 1590 eine Glocke aus dem Kloster Geringswalde.

Kurfürst August von Sachsen und seine Gemahlin, Anna von Dänemark, lassen nach 1553 das Schloss ausbauen. Die Schlosskapelle wird umgestaltet und 1584 als Dreifaltigkeitskapelle geweiht. Die herzförmige Mitteltafel des Altars von Lucas Cranach d. J. zeigt die Kreuzigung Christi. Sie befindet sich jetzt im Nationalmuseum Nürnberg. Das Schloss wird ab 1603 Witwensitz der Kurfürstin Sophie, Tochter des Kurfürsten von Brandenburg und Gemahlin des Kurfürsten Christian I. Sie lässt 1604 die Schlosskapelle renovieren und ausschmücken und mit der Predigt des Hofpredigers Polycarp Leyser einweihen. Hier wie in Dresden, beispielsweise mit der Wiederweihe der Sophienkirche, fördert sie das kirchliche Leben und das Luthertum in Sachsen tatkräftig.

In Colditz wird 1474 erstmals eine Kalandsbruderschaft erwähnt, die aufgrund des beträchtlichen Vermögens schon längere Zeit bestanden haben muss. Sie widmet sich dem Gebet, der Armenfürsorge und den Seelenmessen für Verstorbene. Mit der Auflösung dieser Bruderschaft im Zuge der Reformation wird das Vermögen dem „Gemeinen Kasten" zugeschlagen.

Die Visitationsakten von 1529 berichten vom Kirchengesang der Schüler.[22] Mit der Erweiterung der Schule und der Anstellung eines Kantors zu den bereits vorhandenen zwei Lehrern entsteht um 1540 eine noch lose organisierte Kantorei, möglicherweise unterstützt von früheren Kalandsbrüdern. 1542 wird Nikolaus Riedel als Organist der Stadtkirche eingestellt. Die namentlich bekannten Kantoren sind zumeist ausgebildete Theologen, die später andernorts ein Pfarramt übernehmen. In der Amtszeit von Elias Gerlach (seit 1581) wird am 22. Juli 1588 eine nunmehr verfasste Kantoreigesellschaft mit zunächst 27 Mitgliedern gegründet. Sie widmen sich dem figuralen Chorgesang im Gottesdienst und bei Begräbnissen, vergeben Kredite, garantieren die Witwenversorgung und kommen regelmäßig zu Kantoreifesten *(convivia musica)* zusammen.

Diese Verbindung von sozialer Fürsorge und neu erblühender reformatorische Musikpflege hat sich in der Geschichte der Colditzer Kantorei bis in die Gegenwart fortgesetzt. Die praktische Musikausübung in den Räumen des Schlosses hält seit 2010 die Landesmusikakademie Sachsen lebendig.

Crimmitschau

Bei der Vistiation der Ämter Zwickau, Crimmitschau und Werdau im Januar 1529[23] wird der aus Altenburg stammende Pfarrer Simon Burckhardt „geschickt befunden". Er hatte zuvor in der Karthause gelebt, der Niederlassung des Karthäuserordens, die 1478 an Stelle des früheren Augustiner-Chorherrenklosters errichtet wurde und bis 1526 bestand. Vermutlich haben sich aus Zwickau bald reformatorische Gedanken auch in Crimmitschau ausgebreitet. Bei der Visitation werden Anordnungen über den Gemeinen Kasten getroffen. Merten Rudolff aus Crimmitschau, der dem Franziskanerkloster in Zwickau, das der Rat 1525 geschlossen hatte, 40 Gulden geliehen hatte, erhält die Zusage, vom Rat unterstützt zu werden, wenn er in Not gerate.

Burckhardt wird 1548 auf Befehl des neuen Kurfürsten Moritz abgesetzt, da er auf der Kanzel ungebührliche, schmähliche und aufrührerische Worte vernehmen ließ.[24] Sein Nachfolger wird der 23-jährige Basilius Böhme aus Zwickau.

Die Visitatoren finden die Stadtschule ohne Einkommen vor, es muss (wie bei der Visitation 1533) geregelt werden. Bis 1546 ist Vincentius Friedricus Rektor.

Der aus Joachimsthal stammende Schulmeister Johann Krüginger (oder Criginger), der in Wittenberg, Leipzig und vermutlich in Tübingen studiert hatte,[25] verfasst 1543 eine „Komödie von dem reichen Mann und armen Lazaro", die darauf zielt, dass die Reichen den Armen gnädig sein möchten. Ein anderes Drama „Tragödia von Herodes

und Johannes dem Täufer" von 1545 schildert die unhaltbaren Zustände am Hof des Herodes und warnt, dass die Tyrannen zu ihrer Zeit zuschanden gehen und die reichen Leute ein besseres Leben anfangen sollen, damit es ihnen nicht ebenso ergehe. Es ist bemerkenswert, dass in unmittelbarer Nähe zu Zwickau mit seinen berühmten Theateraufführungen antiker und biblischer Stoffe dezidiert sozialkritische Dichtungen entstehen.

Eilenburg

Mehrfach hält sich Martin Luther in Eilenburg [26] auf, rund 50 Kilometer von Wittenberg entfernt. Er predigt hier nachweislich 1522, 1536 und 1545, während des Umbaus der Marienkirche in den Jahren 1516 bis 1522 in der Petruskapelle im Schloss, später in der Marienkirche. Am 24. April 1536 traut er hier seinen Freund Caspar Cruciger, Theologieprofessor in Wittenberg. 1545 trägt er sich mit der Absicht, nach Eilenburg zu ziehen.

Seit Weihnachten 1521 brodeln in der Stadt reformatorische Bestrebungen. Der aus Annaberg stammende Mönch Gabriel Zwilling (Didymus) war von Wittenberg nach Eilenburg gekommen, vermutlich aufgrund einer Bitte aus Eilenburg. Er predigt über die Änderung des Gottesdienstes, der Fastengebote und der Heiligenfeste in der Woche. In der Schlosskapelle hält er am Neujahrstage und am Dreikönigsfest eine Abendmahlsfeier unter beiderlei Gestalt, die Furore macht. Eilenburger Bürger stürmen am 11. oder 12. Januar die Pfarre und das Brüderhaus des Leipziger Predigerordens. Sie verjagen die Geistlichen. 13 Personen werden verhaftet. Am 11. und 12. Mai 1522 reist Luther über Eilenburg und kann sich ein Bild über die Ereignisse in der Stadt machen. Die Auseinandersetzungen ziehen sich bis 1524 hin. Zwilling – längst wieder in Wittenberg – wird nahegelegt, wegen der Zwietracht nicht wieder nach Eilenburg zu kommen. In Leipzig wird ein Handlungsgehilfe inhaftiert, der in Eilenburg am Abendmahl unter beiderlei Gestalt teilgenommen hatte.

Abbildung links: Eilenburg, Marienkirche

Herzog Georg ist über die Ereignisse in Eilenburg erzürnt und lässt diese auf dem Nürnberger Reichsregiment vorbringen. Er erreicht den Erlass des Reichsregiment-Mandats vom 20. Januar 1522 gegen die kirchlichen Neuerungen.

1523/24 druckt eine Filiale des Leipziger Druckers Wolfgang Stöckel zahlreiche Schriften Luthers und Müntzers, die in Leipzig verboten sind. Eilenburg untersteht dem Propst des Augustiner-Chorherrenstifts auf dem Petersberg bei Halle. Erst 1527 erlangt der Rat die Patronatsrechte. Bei der Visitation im Mai 1529 wird die Superintendentur Eilenburg gegründet.

1632 wird nach der Schlacht von Lützen der Schwedenkönig Gustav II. Adolf im Gasthof „Roter Hirsch" aufgebahrt. In Eilenburg erblickt 1586 Martin Rinckart das Licht der Welt. Hier ist er ab 1617 Pfarrer und stirbt mit 63 Jahren. Ihm gelingt es 1639, die Brandschatzung der Stadt durch die Schweden zu verhindern. Er dichtet den weit bekannten evangelischen Choral „Nun danket alle Gott", der in viele Sprachen übersetzt und auch in katholische Gesangbücher aufgenommen worden ist.

Grimma und Kloster Nimbschen

In *Grimma* weilt Luther im Frühjahr 1516 als Distriktvikar des Ordens der Augustiner-Eremiten, zu dem er 1515 berufen worden war. In dieser Eigenschaft hat er die Aufsicht über elf Klöster in Sachsen und Thüringen. Seine Reisen führen ihn oft nach Grimma.

Von Grimma ist es nach Altenburg oder Torgau je eine Tagesreise, so dass es sich anbietet, über Nacht im Kloster St. Augustin oder auf dem Schloss zu bleiben. Es war bis 1518 umgestaltet worden und nunmehr für politische Verhandlungen oder Aufenthalte der Fürstlichkeiten gut geeignet. 1519 kommt Luther auf der Rückreise von der Leipziger Disputation nach Grimma.

Da Luther nach 1521 als Geächteter das Gebiet des Herzogs Georg meiden muss, kann er auf dem Weg in den Süden nicht die kürzere Strecke über Leipzig wählen. Von Torgau kommend muss er nach Schildau das kurfürstliche Gebiet verlassen, hat kurz vor Frauwalde ein kurzes Weg-

Kloster Nimbschen bei Grimma

stück durch herzogliches Territorium zu nehmen, dann den Ostteil des
Wurzener Stiftsgebietes über Dornreichenbach oder Meltewitz zu durch-
queren, um danach wieder in kurfürstliches Gebiet zum Muldenüber-
gang bei Trebsen und schließlich nach Grimma zu gelangen.
Durch Grimma führt ihn gemeinsam mit Melanchthon am 17. September
1529 die Reise nach Marburg zum kirchengeschichtlich bedeutsamen
Religionsgespräch mit Zwingli. Auf der Rückreise ist er am 14. Oktober
in Grimma. Auch die Gesandtschaft des sächsischen Kurfürsten Johann
zum Augsburger Reichstag reist im April 1530 über Grimma. Auf der
Rückreise übernachtet sie am 9. Oktober in Grimma.
Mit Melanchthon, Cruciger, Jonas und Bugenhagen führt im Win-
ter 1537 Luthers Weg über Grimma nach Schmalkalden zum Konvent

des Schmalkaldischen Bundes. Dafür verfasst Luther auf Bitten des Kurfürsten die so genannten Schmalkaldischen Artikel zur Vorbereitung auf ein Konzil, das Papst Paul III. für Pfingsten 1537 nach Mantua einberufen hatte. In den Schmalkaldischen Artikeln unterscheidet Luther die Basis der gemeinsamen Glaubensartikel mit der römischen Kirche von den Glaubenseinsichten, über die man miteinander reden könne, und nennt diejenigen Grundeinsichten, von denen man keinesfalls weichen könne. Auf der Rückreise kommt er am 12. März wieder nach Grimma, geleitet und geschützt von vier Reitern. Solcher Schutz ist nicht mehr nötig, als er 1539 nach der festlichen Einführung der Reformation zu Pfingsten in Leipzig über Grimma reist. Er predigt oft in Grimma, vorzugsweise in der Kirche des Augustinerklosters und in der 1888 abgebrochenen Nikolaikirche. Melanchthon hält sich mehrfach in Grimma auf, am 18. April 1548, vom 29. April bis 2. Mai 1549 und zur Visitation vom 11. bis 14. September 1554.

Reformatorische Anliegen sind frühzeitig in Grimma heimisch, besonders, nachdem seit 1521 der Mönch des Grimmaer Augustinerkonvents Johannes Gareisen im reformatorischen Sinne predigt. Später übernehmen andere seiner Ordensbrüder Pfarrstellen in umliegenden Dörfern. 1522 weilt Justus Jonas für sechs Wochen in Grimma und predigt hier Sonntag für Sonntag.[27] Im gleichen Jahr wird das Neue Testament in der Übersetzung Luthers auch in Grimma gedruckt, da es in Leipzig verboten ist. Im folgenden Jahr beginnt die Ausspendung des Abendmahls in beiderlei Gestalt. 1527 wird der schon einige Jahre in Grimma wirkende Johannes Schreiner Stadtpfarrer. Bei der Visitation 1529 werden alle Gelder der Kirche, wertvolles Kirchengerät und Mess-Stiftungen zu einem „Gemeinen Kasten" zusammengeführt, um die Besoldung der Pfarrer und Lehrer sowie die Armenpflege in zwei Hospitälern zu sichern. Die Superintendentur wird errichtet.

1550 wird im ehemaligen Kloster St. Augustin, das 1541 von den Mönchen verlassen ist, die Fürstenschule gegründet. Einer der berühmtesten Schüler ist in den Jahren 1622 bis 1627 Paul Gerhardt, der bedeutendste evangelische Liederdichter nach Martin Luther.

Aus dem *Zisterzienserinnenkloster Marienthron in Nimbschen* fliehen 1523 neun Nonnen, unter ihnen Katharina von Bora, die hier 1515 die Gelübde abgelegt hatte. 1525 heiratet sie Martin Luther. 1536 sind beim Tod der letzten Äbtissin noch neun Nonnen im Kloster. Es wird aufgelöst und als Wirtschaftsbetrieb weitergeführt. Reste der Umfassungsmauern des Konventsbaus und vom Ostflügel sind erhalten.

Leisnig und Kloster Buch

Luther hält sich im September 1522 und dann im August 1523 jeweils etwa eine Woche in *Leisnig* auf. Er folgt damit der mehrfachen Einladung, der Kirchgemeinde in wichtigen Fragen beizustehen. Worum es geht, macht der Besuch von zwei Gemeindevertretern im Januar 1523 in Wittenberg deutlich, die schriftlich und mündlich die in Leisnig geplanten Reformen erläutern und um Unterstützung bitten. Sie wählen Magister Johannes Rosenberg, den ihnen Luther empfiehlt, zu ihrem Prediger.

Luther verfasst drei Schriften, die über die Fragen der Leisniger hinausgehend für den Fortgang der Reformation und bis heute – auch unter geänderten äußeren Bedingungen – von grundsätzlicher Bedeutung waren und sind.

Da das Patronatsrecht für Leisnig beim *Zisterzienserkloster Buch* liegt, die Gemeinde aber evangelische Prediger wünscht, erscheint im Mai 1523 die Schrift Luthers „Dass eine christliche Versammlung oder Gemeine Recht und Macht habe, alle Lehre zu beurteilen und Lehrer zu berufen, ein- und abzusetzen: Grund und Ursache aus der Schrift". Sie findet rasch Verbreitung. In Anbetracht des allgemeinen Priestertums der Glaubenden wird einerseits die freie Pfarrerwahl zugestanden, andererseits muss durch eine geordnete Berufung gewährleistet werden, dass der Berufene „an Stelle und auf Befehl der anderen lehre".

Die „Ordnung eines gemeinen Kastens" hatte die Gemeinde selbst zu Papier gebracht. Luther lässt sie im Juni 1523 drucken und lobt im Vorwort den beispielgebenden Charakter dieser Ordnung. In einem „Gemeinen Kasten" sollen die Einnahmen der Kirche, der Mess-Stiftungen, Bruderschaften und Almosen vereinigt werden zur Sicherung der Finanzierung für Pfarrer und Prediger, für Küster, für Lehrer und für die Lehrerin für die Mädchen, für Gebrechliche und Arme, für Waisen und Fremde sowie für günstige Darlehen an Handwerker und schuldlos mittellos Gewordene, ferner für die Unterhaltung von Gebäuden wie Muldenbrücke, Pfarrhaus, Schule, Küsterei und Hospital, schließlich für die Bevorratung mit Getreide, das in Notzeiten zu erschwinglichen Preisen verkauft werden soll.

Da die Leisniger um Ratschläge zur Gestaltung des evangelischen Gottesdienstes gebeten hatten, verfasst Luther wohl nach Ostern 1523 für die Leisniger die Schrift „Von der Ordnung des Gottesdienstes in der Gemeinde". Kein Gottesdienst soll ohne Gebet und Schriftauslegung in deutscher Sprache bleiben, „damit durch tägliche Übung der Schrift die Christen verständig, bewandert und kundig werden" – und somit auch zur Beurteilung der christlichen Lehre imstande sind. Luther zählt auf, was vom bisherigen Gottesdienst beizubehalten und was abzuschaffen sei. Er rät zu einem behutsamen Vorgehen „dass es ja alles geschehe, dass das Wort im Schwange geht".

1529 wird die Superintendentur eingerichtet. Die Visitation im Frühjahr 1537 bringt zutage, dass es der Gemeinde an Finanzen und geeigneten Pfarrern fehlt. In den Jahren 1539, 1549 und 1554 weilt Melanchthon auf der Durchreise in Leisnig.

Plauen und das Vogtland

Das Aufkommen der Reformation in Plauen und im Vogtland ist vorbereitet durch frühere Einflüsse der reformatorischen Bestrebungen im 15. Jahrhundert, insbesondere der hussitischen Bewegung in Böhmen sowie der Waldenser.[28] Die Städte und die im Vogtland ansässigen und einflussreichen Adelsfamilien, beispielsweise von Feilitzsch und von Metzsch, befördern tatkräftig die Reformation.[29] Da die Könige von Böhmen seit 1466 die Wettiner mit dem Vogtland belehnt hatten, kommt es zu Einsprüchen König Ferdinands. Sie bleiben allerdings zumeist wirkungslos.

In *Plauen* werden schon ab 1521 reformatorische Einflüsse wirksam, genährt aus Sympathien mit der Reformation und aus der Kritik an den bestehenden kirchlichen Verhältnissen. Es sind auch Verbindungen nach Zwickau anzunehmen. Der Dominikanermönch Georg Rauth, der im Briefwechsel mit Martin Luther steht, und der Komtur des Deutschen Ordens, Georg Eulner, bekennen sich schon 1521 zur Reformation und werden zu den wichtigsten Personen für die Reformation in Plauen. Nach 1524 beherrscht der Geist der Reformation die Stadt.

Die meisten Dominikaner in der Stadt indes lehnen dezidiert eine Reformation ab. Einige Mönche verlassen das Kloster und übernehmen an anderen Orten ein evangelisches Predigtamt. Das Kloster verarmt. Die Bettelbriefe der zwölf verbliebenen Mönche ab 1524 sowie der Vorwurf finanzieller Unregelmäßigkeiten erregen Unmut in der Stadt. 1525 kommt es zu einem Sturm der Bevölkerung auf das Kloster, an dem sich einige Ratsherren beteiligen. Das Kloster wird geplündert und teilweise zerstört, die Klosterkirche ausgeräumt. Der Amtsschösser und die Ratsherren schließen am 3. Mai 1525 das Dominikanerkloster. Die Sequestration wird erst 1543 abgeschlossen.

Die Stadt stellt evangelische Prediger ein. Sichere Nachrichten ergeben sich erst aus den Protokollen der Visitation vom 15. Februar bis 6. März 1529. Erst seitdem gibt es ein geregeltes evangelisches Leben. Die Superintendentur Plauen, die älteste in Sachsen, wird am 22. Februar 1529 begründet. Der damalige Komtur des Deutschen Ordens, der schon lange der Reformation zugetan war, wird als Superintendent eingesetzt. Ein „Gemeiner Kasten" wird eingerichtet, um die Geistlichen zu besolden, die Armenfürsorge zu regeln und die Kirchengebäude zu erhalten. Die Visitationen von 1529 und 1533 regulieren auch das Schulwesen und die Besoldung der Schulmeister und führen zur Eröffnung einer Mädchenschule.[30]

Der Gang der Reformation in Plauen steht in Verbindung mit den Ereignissen in den umliegenden Städten. In *Elsterberg* flackert die Reformation früh auf. Erhard Schaub, ein überzeugter Lutheraner, wird hier 1521 Priester. Er führt 1525 die Deutsche Messe ein, wie sie seit 1524 in

Zwickau gefeiert wird. Auch in Elsterberg bringen erst die Visitationen von 1529 und 1533 geregelte Verhältnisse.

In *Reichenbach* kann ab 1526 ein evangelischer Prediger tätig werden, nachdem der Komtur des Deutschen Ordens gestorben war.

Bartholomäus Krause kommt aus dem Umfeld Müntzers und der Zwickauer Schwärmer nach *Oelsnitz* und predigt dort seit 1523 gegen das alte Kirchenwesen. Er verwirft die Beichte vollständig und erregt damit Luthers Unmut. Dieser mahnt den Rat brieflich zu mehr Bedachtsamkeit und fordert die Gemeinde zur Mäßigung auf. Als dies erfolglos bleibt, rät Luther dem Rat, Krause zu mahnen, die Gemeinde von den „ungeschickten" Dingen abzubringen, oder er müsse die Stadt verlassen. 1524 wird er entlassen. 1529 wird bei der Visitation der vormals katholische Pfarrer Jobst Engelschall „geschickt befunden", ebenso der Prediger Ochsenheuter, den zuvor König Ferdinand dreimal vertrieben hatte. Ab 1533 wirkt in Oelsnitz der zweimal aus Hof vertriebene Caspar Löhner. Die Superintendentur wird 1545 begründet. Oelsnitz war zuvor der Superintendentur Plauen zugeordnet. Melanchthon macht auf der Durchreise mehrfach in Oelsnitz Station, am 18. März und 30. Juli 1541 und am 17. September 1555.

Nachdem Heinrich IV. von Plauen 1547 als Burggraf zu Meißen Landesherr des Vogtlandes wird, richtet er im Jahr darauf ein Konsistorium ein, das 1583 dem Leipziger Konsistorium eingegliedert wird. Er gibt 1552 den Auftrag zu einer neuen Kirchenordnung für das gesamte Vogtland, die hauptsächlich der Plauener Superintendent Corbinian Hendel entwirft. Diese Kirchenordnung gibt der aus kleinen Anfängen begonnenen Reformation im Vogtland eine solide Gestalt.

Schneeberg

Schneeberg wird zehn Jahre nach der ersten Ansiedlung im Dezember 1481 zur freien Bergstadt erhoben und liegt nach der Leipziger Teilung im ernestinischen Gebiet. Die einträglichen Bergwerke am Schneeberg bleiben unter der gemeinsamen Verwaltung der kurfürstlichen Ernestiner und herzoglichen Albertiner. Die Einigungen in Konfliktfällen unter-

Schneeberg, St. Wolfgangskirche, Das Abendmahl (Predella des Altars, Werkstatt Lucas Cranach d. J.)

schiedlicher Art werden auch dadurch erschwert, dass jede Seite eine andere dezidierte Haltung zur Reformation vertritt.

Reformatorische Gedanken gewinnen in Schneeberg schon früh Einfluss. In den sozialen Spannungen am Beginn des 16. Jahrhunderts drängen die Bergknappen zu Reformen und zu einer Reformation der Kirche. Die Chronik berichtet, ein Magister Wolfgang habe in der St. Annenkapelle der Bergleute das Evangelium „noch eher als in der großen Kirche gepredigt".[31] Luther schickt 1519 seinen Freund Nikolaus Hausmann nach Schneeberg. Briefe und Tischreden zeigen, dass Luther und Melanchthon die Situation in Schneeberg gut kennen. Hausmann wird 1521 nach Zwickau gerufen. Viele Schneeberger hören dort am 1. Mai 1522 Martin Luther predigen. Aufgrund der Einsprüche und Drohungen des Herzogs Georg wird jedoch in Schneeberg alles Evangelische niedergehalten. Georg verweigert den Schneebergern, sein Wappen im Gewölbe der neu entstehenden St. Wolfgangskirche anzubringen, da die Stadt ihm zu evangelisch ist.

Erst nachdem Herzog Georg 1533 seinen Anteil an der Herrschaft vollständig an Kurfürst Johann Friedrich I. abgetreten hatte, kann 1534 mit einer Visitation das evangelische Kirchenwesen konsolidiert werden. Alles Vermögen und die Lehen werden „in den gemeinen Kasten zusammen geschlagen", so dass nun der Stadtrat für die Erhaltung von Kirche und Schule und für die Armenversorgung verantwortlich ist. Am 28. Januar 1534 wird der erste lutherische Pfarrer Wolfgang Zeuner in sein Amt eingeführt. 1536/37 ist Johannes Rivius Rektor der Lateinschule, der zuvor in Zwickau und Annaberg tätig war. Dieser hochgebildete Humanist, der in Köln studiert hatte, wird dann in Freiberg Rektor und später Schulinspektor für die von Herzog Moritz gegründeten Fürstenschulen. Er erwirbt sich größte Verdienste um die Schulentwicklung in Sachsen in der Reformationszeit.

Für die St. Wolfgangskirche entsteht in den Jahren 1531–1539 in der Werkstatt Lucas Cranachs der erste monumentale Reformationsaltar unter Beteiligung Lucas Cranach des Jüngeren. 1539 wird der Altar nach Schneeberg gebracht. Mit seinen insgesamt zwölf Tafeln steht er den großen Flügelaltären des ausgehenden Mittelalters und der ersten Hälfte des 16. Jahrhunderts würdig zur Seite. Kaiserliche Truppen rauben 1633 den Altar. Erst 1649 gelingt die Rückerwerbung. Im Zweiten Weltkrieg kann er gerettet werden und ist jetzt in der 1945 schwer zerstörten, wieder aufgebauten St. Wolfgangskirche zu bewundern. Die Tafeln sind als eine Katechismuspredigt zu verstehen. In einem spezifisch lutherischen Bildprogramm veranschaulichen biblische Geschichten in packender Dramatik und leuchtender Farbigkeit die zentrale Glaubenserkenntnis der lutherischen Reformation: die Verdammnis unter dem Gesetz und die Erlösung unter der Gnade.

Torgau

Torgau[32] gehört in der Reformationszeit als Amt Torgau zum Kurfürstentum. Die Nähe zu Wittenberg begünstigt das Aufkeimen und Einwurzeln der reformatorischen Gesinnung. Die erste evangelische Predigt wird 1520 in der Nikolaikirche gehalten. Die Bevölkerung der Stadt bekennt sich 1522 zur Reformation. Die Klöster werden geschlossen. Luther predigt hier am 6. Mai 1522 zum Abschluss seiner Reise nach Borna,

Abbildung rechts: Torgau, Kanzel der Schlosskapelle (1544)

Altenburg und Zwickau. Die Torgauer Bürgerschaft bestimmt am 17. Mai 1525 den in Annaberg geborenen Gabriel Zwilling (1487–1558; auch Didymus genannt) zum Stadtpfarrer. 1529 wird er Superintendent und lebt bis zu seinem Tod in Torgau.

Nach dem Tode Friedrich des Weisen bevorzugen seine Nachfolger Torgau als Residenz. Später wird Dresden zur Haupt- und Residenzstadt des albertinischen Kurfürstentums. Torgau bleibt als Nebenresidenz ein Schauplatz höfischer Festlichkeiten, ein Ort für politische Verhandlungen und Landtage. Torgau wird der Ort für wesentliche Entscheidungen zum Fortgang der Reformation und erhält den Namen „Amme der Reformation".

Im Februar 1526 wird in Torgau der Torgauer Bund ratifiziert. Es ist ein Zusammenschluss derjenigen Landesherren, die der Reformation zugetan sind, dem bald einige andere norddeutsche evangelische Städte und Magdeburg beitreten. Dem Torgauer Bund folgt 1531 die Gründung des Schmalkaldischen Bundes als ein Beistandsbündnis der Evangelischen, um die Gefahr der Reichsexekution wegen Landfriedenbruchs abzuwenden. Auch hierzu finden Vorverhandlungen in Torgau statt.

Zur Vorbereitung des Augsburger Reichstags ruft Kurfürst Johann die Wittenberger Theologen nach Torgau. Hier entsteht bei einer Beratung am 27. März 1530 ein theologisches Gutachten, das als „Torgauer Artikel" in die Geschichte eingeht. Die Torgauer Artikel bilden neben den Schwabbacher Artikeln den Grundstock für das Augsburgische Bekenntnis vom 25. Juni 1530, das für das lutherische Bekenntnis, für die Bewahrung der Reformation und für die spätere Reichspolitik maßgebend wird. Es ist eine der Grundlagen der im Lutherischen Weltbund seit 1948 vereinten lutherischen Kirchen in allen Kontinenten.

Die „Schmalkaldischen Artikel", die für das von Papst Paul III. nach Mantua einberufene Konzil bestimmt sind und sich mit den katholischen Lehren und Gebräuchen auseinandersetzen, denen die Lutheraner nicht zustimmen können, nimmt der Kurfürst am 3. Januar 1537 in Torgau entgegen. Er dankt Luther mit einem langen, eigenhändig geschriebenen Brief.

Im Juni 1576 entsteht in Torgau das „Torgische Buch", ein theologisches Gutachten, das Kurfürst August angefordert hatte, um eine Einigung angesichts der Streitigkeiten unter den Theologen der Augsburgischen Konfession zu erzielen. Es ist eine der Vorstufen zur Konkordienformel von 1577. Luther weilt über 40-mal in Torgau, auch zu Beratungen zur Weiterführung der Reformation in Zwickau und an anderen Orten. Die Grundzüge der Visitationsordnung für das Kurfürstentum Sachsen entstehen 1527 im Pfarrhaus. Luther predigt oft in Torgau.[33]

Berühmtheit erlangt die Predigt am 5. Oktober 1544 bei der Einweihung der Schlosskirche zu Torgau durch Predigt und Gebet. Sie enthält grundsätzliche Aussagen Luthers zum evangelischen Gottesdienst und zur Bestimmung eines Kirchenbaus. Sein Wunsch ist, „dass nichts anders darin geschehe, denn dass unser lieber Herr selbst mit uns rede durch sein heiliges Wort, und wir wiederum mit ihm reden durch Gebet und Lobgesang."[34]

Für diesen Gottesdienst komponiert Johann Walter eine kunstvolle Motette. Er war als Bassist Mitglied der Hofkapelle Friedrichs des Weisen geworden, die nach dessen Tod 1525 aufgelöst wird. Walter wird Kantor an der Torgauer Lateinschule und begründet die Torgauer Stadtkantorei. 1548 beruft ihn Kurfürst Moritz nach Dresden als Hofkapellmeister an die neu gegründete Hofkapelle, die damals ausschließlich im Gottesdienst musiziert. Nach seiner Pensionierung 1554 kehrt er nach Torgau zurück, wo er 1570 stirbt. Johann Walter ist ein enger Freund Martin Luthers und gibt im Jahr 1526 das erste mehrstimmige Chorgesangbuch der Reformation heraus.

Im Herbst 1552 flieht Katharina Luther, geb. von Bora, wegen Pest und Missernte nach Torgau. Sie erleidet vor den Toren der Stadt einen Unfall mit der Kutsche, bricht sich einen Beckenknochen und bekommt eine Lungenentzündung. Sie verstirbt hier am 20. Dezember 1552. In der Stadtkirche St. Marien zeigt ihr Epitaph die Lutherrose, ihr Wappen und ihr Bildnis.

Zwickau

Martin Luther hält sich vom 27. April bis 3. Mai 1522 in Zwickau[35] auf, um die religiösen Unruhen in der Stadt zu befrieden. Er predigt hier am 30. April zweimal in der Barfüßerkirche und am 1. Mai vor etwa 14 000 Menschen vom Rathaus aus, wohin die Volksmassen aus Schneeberg, Annaberg und der weiteren Umgebung geströmt waren. Am 2. Mai predigt er auf dem Schloss Osterstein. Er wohnt bei seinem Freund, dem Bürgermeister Hermann Mühlpfort, dem er 1520 die deutsche Fassung einer seiner reformatorischen Hauptschriften „Von der Freiheit eines Christenmenschen" gewidmet hatte.[36]

Zwickau hatte durch den 1469 beginnenden Silberabbau am Schneeberg einen rasanten Aufstieg erlebt. Kurfürst Friedrich der Weise rühmt die Stadt, die größte seines Kurfürstentums mit dreimal mehr Einwohnern als Wittenberg, als „Perle in den kurfürstlichen Landen". Zwickau gilt nach Wittenberg als die erste Stadt in Deutschland und Europa, in der sich in Auseinandersetzung mit sozialrevolutionären und wiedertäuferischen Strömungen die Reformation als eine Volksbewegung durchsetzte.

In Zwickau predigen bereits 1518 der aus der Klosterhaft in Annaberg geflohene Friedrich Myconius und der Pfarrer Johannes Wildenauer (Sylvius Egranus) aus Eger im reformatorischen Geist. Im Mai 1520 kommt Thomas Müntzer auf Empfehlung Luthers zunächst vertretungsweise als Pfarrer an die Marienkirche, um Wildenauer zu vertreten, ab Oktober an die Katharinenkirche. Bald beginnen Auseinandersetzungen zwischen den städtischen Ober- und Mittelschichten und den ärmeren Schichten, die sich um Nikolaus Storch sammeln. Er ist auf seiner Wanderschaft mit den Auffassungen der hussitischen Taboriten bekannt geworden und schart einen Kreis von Tuchknappen und Handwerkern um sich, die mit ihm die Kindertaufe ablehnen und den persönlichen inneren Glaubenserfahrungen mehr Autorität zugestehen als dem geschriebenen Bibelwort. Sie erwarten ein Tausendjähriges Reich der Gleichheit und

Abbildung rechts: Zwickau, Marienkirche, Luther und Melanchthon (1891)

Brüderlichkeit. Im Kontakt mit ihnen gelangt Müntzer zu einer Radikalisierung seiner reformatorischen Auffassungen und gerät in scharfen Gegensatz zu Luther.

Die Situation wird unübersichtlich. Der Rat sucht zu vermitteln zwischen den reformatorisch und den „altgläubig" katholisch Gesinnten, zu denen der Großteil der 54 Priester und Franziskanermönche in der Stadt gehört. Der Rat beruft 1521 Nikolaus Hausmann von Schneeberg an die Marienkirche als einen ersten lutherischen und besonnenen Pfarrer angesichts der Unruhen, die mit Thomas Müntzer verbunden sind.

Müntzer, der inzwischen an die Katharinenkirche gewechselt war, verlässt 1521 die Stadt. Storch und seine Anhänger werden der Stadt verwiesen und ziehen nach Wittenberg.

Mit dem Amtsantritt Mühlpforts als Bürgermeister beginnt im September 1521 die zielstrebige und behutsame Durchsetzung der Reformation. Es kommt indes zu heftigem Aufruhr, als im März 1522 eine Anzahl von Einwohnern den Grünhainer Klosterhof in Zwickau stürmt. Deshalb kommt Luther nach Zwickau, wendet sich gegen die wachsende Wiedertäuferbewegung und gegen Müntzers radikalere Auffassungen. Er fordert ein gemäßigteres Vorgehen.

Im Juni 1523 beginnt in Zwickau eine Druckerei Schriften Luthers und anderer Reformatoren herauszugeben. Unter der Mitwirkung von Nikolaus Hausmann entsteht 1523 eine Schulordnung, 1525 eine Kirchenordnung und 1529 eine Kastenordnung. Hausmann weist schon 1524 auf die Notwendigkeit von Visitationen hin und gibt dem Kurfürsten Johann Ratschläge dazu. Er bittet Luther um Vorschläge zur Reform des Gottesdienstes.[37] 1524 hält er den ersten evangelischen Gottesdienst in deutscher Sprache. Er gründet im Franziskanerkloster 1525 eine Mägdleinschule, in die später auch Knaben aufgenommen werden. Er drängt Luther, einen Katechismus für die Glaubensunterweisung zu verfassen, und teilt ihm seine Vorstellungen dazu mit.

Im Januar 1529 lässt der Kurfürst in Zwickau eine Kirchenvisitation durchführen, die das Kirchenwesen, das Schulwesen sowie die Einkünfte der Hospitäler ordnet. Am 1. September wird in Zwickau die

Superintendentur gegründet und Nikolaus Hausmann als Superintendent eingesetzt.

Inzwischen ist Stephan Roth nach Zwickau zurückgekehrt, der ab 1528 als der oberste Verwaltungsmann der Stadt den Fortgang der Reformation unterstützt. Er war 1517 in Zwickau Rektor der Lateinschule geworden, ging dann nach Joachimsthal und studierte ab 1523 in Wittenberg. Dort gehörte er zum engeren Kreis um Luther. Seine Mitschriften der Vorlesungen Luthers waren wegen ihrer Genauigkeit geschätzt. Er gibt auf Bitten Luthers dessen Predigten für den Druck heraus und steht in engem brieflichen Kontakt mit Luther. Er begründet in Zwickau ein auf der reformatorischen Pädagogik beruhendes modernes Schulwesen. Die Ratsschule soll zeitweilig bis zu 800 Schüler gehabt haben.

Zwischen 1527 und 1531 kommt es zu Auseinandersetzungen über die städtische Kirchenpolitik. Strittig sind die Entwicklung des Schulwesens und vor allem das Recht, die Pfarrer einzustellen und zu entlassen, das der Rat für sich allein in Anspruch nimmt. Luther widerspricht (wie auch später 1536) vehement und bestreitet dem Rat die Kompetenz, in Kirchenangelegenheiten autoritär zu handeln.[38] Das Verhältnis Luthers zu den Zwickauern wird getrübt. Es gibt dennoch viele Kontakte Melanchthons zum Rat, der die Zwickauer Verhältnisse seit den Anfängen der Reformation bestens kennt.[39] Melanchthon hält sich mehrfach in Zwickau auf. Im März 1550 kommt er auf Einladung des Rates zu einer Schulvisitation nach Zwickau, dann noch einmal kurz im Januar 1552.

Die Marienkirche und die Katharinenkirche mit dem Altar aus der Cranachwerkstatt sowie das Rathaus sind die wichtigsten bis heute erhaltenen Reformationsstätten in Zwickau. Die Ratsschulbibliothek, 1498 erstmals erwähnt, wird in der Schulordnung von 1537 als „bibliotheca publica" bezeichnet. Sie ist die erste öffentlich-wissenschaftliche Bibliothek in Sachsen. Zu ihren wertvollsten Beständen gehören Musikalien aus der Reformationszeit, ferner Briefe, Handschriften und frühe Drucke der Reformatoren sowie Vorlesungsnachschriften aus dem Nachlass Stephan Roths. Wichtige Autographen und Dokumente Müntzers, der Reformatoren und zur Reformation sind im Stadtarchiv aufbewahrt.

Glauchau und die Schönburgischen Herrschaften

Zum Territorium der Schönburger Herren[40] gehören die Herrschaften Glauchau, Waldenburg, Lichtenstein, die Grafschaft Hartenstein und das Gebiet des Klosters Geringswalde. Nachdem Burggraf Hugo von Leisnig und Herzog Georg, die Vormünder für die vier unmündigen Söhne des 1534 verstorbenen Grafen Ernst, gestorben waren, befördern die Söhne nach 1539 eine Änderung der Konfession, aber in bewusster Unabhängigkeit von den Wettinern, denen gegenüber die Schönburger Herren stets auf ihre Unabhängigkeit pochen. Auf ihren Wunsch hält der Leipziger Superintendent Johann Pfeffinger am 18. Oktober 1542 in der St. Georgenkirche zu *Glauchau* die erste evangelische Predigt. Er verfasst die Kirchenordnung für alle Schönburgischen Gebiete und führt den ersten Superintendenten ein, Jakob Tham. Der Superintendent wird gemeinsam mit einem Schönburgischen Juristen über die Kirchen und Schulen aller Schönburgischen Besitzungen gesetzt. Infolge des Unabhängigkeitsstrebens der Schönburgischen Herrschaften sind diese nicht in die landesweiten Visitationen einbezogen. Die Umgestaltung des Kirchenwesens erfolgt zumeist in Abhängigkeit davon, wann in den einzelnen Gemeinden evangelische Pfarrer tätig wurden.[41]

Die Superintendentur *Penig* wird dem Wunsch Wolfs II. von Schönburg entsprechend 1556 gegründet. Er stiftet den farbenprächtigen Altar für die Stadtkirche. 1559 wird die Schönburgische Herrschaft in drei Linien geteilt. *Waldenburg* erhält einen Superintendenten. Im Benediktinerinnenkloster *Geringswalde*, das sich nach 1542 auflöste, gründen die Schönburger in Fortführung der Klosterschule 1566 eine Landesschule, die Kurfürst August nach zwei Jahren schließen lässt.

1658 wird nach längerer Vorbereitung ein eigenes Konsistorium errichtet. 1878 löst ein Vertrag das Schönburgische Gesamtkonsistorium und die zugeordneten Superintendenturen auf. Die Superintendentur Glauchau wird neu geordnet und den anderen sächsischen Superintendenturen gleichgestellt.

Albertinisches Sachsen

Annaberg

Am 4. Mai 1539 hält die Reformation mit zwei evangelischen Abend-
mahlsgottesdiensten in der St. Annenkirche in Annaberg Einzug. Herzog Heinrich, Kurfürst Johann Friedrich sowie Philipp Melanchthon sind
anwesend. Am Vormittag predigt der Hofprediger des Herzogs, Paul
Lindemann, am Nachmittag der Superintendent von Gotha, Friedrich
Myconius, der in Annaberg kein Unbekannter ist.[42] Am 24. Juni wird auf
Luthers Empfehlung der in Gotha geborene Lorenz Schröter als erster
evangelischer Pfarrer eingesetzt.[43]

Die Wittenberger Reformation findet in Annaberg wie in den anderen
Bergstädten schon früh starken Widerhall, besonders unter den Bergleuten, zumal hier ab 1508 und erneut 1517 Johannes Tetzel als Ablassprediger auftritt. Herzog Georg ist es ein persönliches Anliegen, in Annaberg jegliches Aufflackern reformatorischer Gedanken auszulöschen.

Die Einwohner laufen jedoch in Scharen in das benachbarte Buchholz,
das zum Territorium des Kurfürsten Friedrich gehört, um dort evangelische Predigten zu hören. Der Herzog befiehlt dem Rat, sie stäupen zu
lassen. Annaberger, die in Wittenberg studierten, fordern 1522 die Ausspendung des Abendmahls unter beiderlei Gestalt und sollen deshalb
bestraft werden. Wer in Buchholz am evangelischen Abendmahl teilgenommen hat, wird als Abendmahlsschänder an den Pranger gestellt. Herzog Georg erreicht, dass Kurfürst Friedrich den evangelischen Prediger
Johann Bachmann 1528 aus Buchholz verweist.

Viele Evangelische retten sich vor den Nachstellungen durch die Flucht
aus Annaberg, so 1523 der Rektor der Schule, Simon Behm. Andere werden aus der Stadt vertrieben wie Johannes Nävius, später Leibarzt des
Kurfürsten August, und Johannes Rivius, später Erzieher des Kurfürsten
August in Freiberg und dann am pädagogischen Konzept der Fürstenschulen maßgeblich beteiligt. Friedrich Myconius, 1524 aus Annaberg
geflohen, schreibt im gleichen Jahr aus Zwickau zur Ermutigung der

Evangelischen „Eine freundliche Ermahnung und Tröstung an alle Freunde des Wortes Gottes in Annaberg".

Die Erbitterung gegen Priester und Mönche verschafft sich in Spottliedern und Schmähschriften Luft. In Buchholz kommt es zu einer Spottprozession gegen die Heiligsprechung Bischof Bennos. Auf Anforderung des Herzogs Georg erstellt der Rat 1530 eine Namensliste der Einwohner, die nach Lutheraner und Papsttreuen unterscheidet. Dabei kommt zutage, dass die meisten Rasherren und fast alle Steiger und Häuer evangelisch sind.

Bei der Visitation im Juli 1539 wird der langjährige Annaberger Pfarrer seines Amtes enthoben. Die vier Kapläne können weiterhin ihren Dienst verrichten. Die Superintendentur wird 1539 eingerichtet. In späteren Jahren besucht Melanchthon 1552 und 1556 auf der Reise nach Joachimsthal die Bergstadt Annaberg.

Chemnitz

Am 4. Juli 1539 hält Wolfgang Fuß (Fusius), damals noch Superintendent in Leisnig, die erste evangelische Predigt in der Stadtkirche St. Jacobi zu Chemnitz.[44] Die Ereignisse im nahen Zwickau hatten in den Jahren zuvor bei vielen Sympathien für die Reformation geweckt, besonders in der Bürgerschaft und auch in dem einflussreichen Benediktinerkloster St. Marien auf dem Berge, das Kaiser Lothar 1136 gegründet hatte.

Am 29. Juli 1539 erreicht die Visitationskommission Chemnitz und verfügt die Einführung des evangelischen Gottesdienstes mit Abendmahl unter beiderlei Gestalt. Es sollen alle Pfarrer und Ordensleute sich derjenigen Lehre und der Kirchengebräuche enthalten, die dem Augsburgischen Bekenntnis entgegenstehen. Aus Chemnitz wird indes an den Herzog die dringende Bitte gerichtet, die Einwohner nicht gegen ihr Gewissen zu drängen und keine Veränderung ohne Zustimmung der Landstände vorzunehmen. Die Anzahl der Lehrer an der Lateinschule wird erhöht und eine Mädchenschule gegründet. Später kommt eine bescheidene deutsche Schule hinzu.

Die Superintendentur wird eingerichtet. Der letzte katholische Pfarrer an der Jacobikirche, Johann Leibius, will bei seinem bisherigen Glau-

Chemnitz, Schlosskirche und Schlossbergmuseum, früher Benediktinerkloster

ben bleiben. Er übergibt am 31. Juli 1539 die Pfarrei an Fuß und verlässt die Stadt.

Der Rat bestimmt Wolfgang Fuß zum ersten Superintendenten und entscheidet damit gegen den Vorschlag Melanchthons, der am 6. Mai auf der Rückreise von Annaberg in Chemnitz Station gemacht hatte.[45] Die Benediktiner haben aus den Klostereinkünften zum Unterhalt des Superintendenten 40 Gulden beizusteuern.

Im November 1539 treten in Chemnitz die Landstände zusammen. Sie führen Beschwerde, dass sie bei der Einführung der Reformation nicht befragt worden seien. Die Visitatoren hätten sich Eingriffe in ihre Patronatsrechte erlaubt und ihnen seien neue Lasten zum Unterhalt der Geistlichen und der Schulen auferlegt worden. Sie verlangen, dass die bestehenden Klöster nicht aufgehoben werden, das Vermögen aber zweckmäßig verwendet werden soll. Als Herzog Heinrich die Patronatsrechte der Adligen anerkennt und ihnen die Entscheidung über die Verwaltung der geistlichen Güter einräumt, gelingt ein Ausgleich mit den Landständen.

Bei der weiteren Visitation am 19. April 1540 verlassen die Franziskaner, die sich gegen eine Reformation gewandt hatten, aus Protest mit ihrem Abt das Barfüßerkloster und ziehen nach Böhmen. Aus den Mess-Stipendien und Stiftungen wird ein „Gemeiner Kasten" gebildet, aus dem die Pfarrer, Schullehrer und das Hospital finanziert werden sollen.

Der Abt der Benediktiner, Hilarius von Rehberg, beruft sich dem Herzog gegenüber auf seine Reichsunmittelbarkeit und schlägt einen moderaten Weg ein. Er hält sich mit elf Mönchen zum evangelischen Bekenntnis. Das Kloster wird sequestriert. Der Abt erhält eine Versorgung auf Lebenszeit und heiratet später. Mit der Auflösung des Benediktinerklosters finden die anhaltenden Konflikte mit der Stadt infolge der engen Verflechtung territorialer und rechtlicher Ansprüche ein Ende. Das Kloster wird in ein landesherrliches Schloss umgewandelt, später in ein kurfürstliches Amt. Die Klosterkirche wird zur Schlosskirche. Im früheren Klostergebäude befindet sich jetzt das Schlossbergmuseum.

Döbeln

Johann Tetzel kommt 1508 als Ablassprediger nach Döbeln. Dieser beliebte Handelsplatz hat die Stadt zu einer des größten in Sachsen anwachsen lassen. Der Widerstand unter den Einwohnern führt zu einer Beschwerde bei Herzog Georg dem Bärtigen. Er befiehlt, das im Opferstock der Jacobikirche gesammelte Geld dort zu behalten. Tetzel muss die Stadt verlassen.

1521 wird Herzog Georg zugetragen, dass die reformatorischen Predigten von Jacob Seidler (Seydler) großen Anklang finden. Seidler war seit 1519 Pfarrer in Glashütte und der Reformation zugetan. Er heiratete dort 1521 öffentlich seine Köchin Magdalena, mit der er in einem eheähnlichen Verhältnis gelebt hatte. Der Meißner Bischof, Johann VII. von Schleinitz, lässt ihn durch Herzog Georg verhaften. Er wird auf der bischöflichen Burg Stolpen arretiert. Der Protest einiger Wittenberger Theologen, unter ihnen auch Melanchthon, erwirkt seine Freilassung. Der

Bischof verbannt ihn nach Döbeln, da die Stadt und das Amt Döbeln (bis 1581) meißnisches Bischofslehen sind.

Seidler kommt im Oktober nach Döbeln und holt gegen das Verbot des Bischofs seine Ehefrau auch hierher. Er gewinnt bald gute Freunde, den Organisten, den Schulmeister, einige Ratsmitglieder, beispielsweise den Stadtrichter, einen Bäcker, einen Fleischhauer und weitere Bürger. Da ihm verwehrt wird, in den Kirchen zu predigen, predigt er erstmals am 11. November im Rathaussaal. Zu weiteren Predigten kommen Bauern und Bürger von weither. Der Herzog erfährt davon und schickt zwei Beobachter, die ihm berichten. Unverzüglich droht er an, dass er den Rat umbesetzen werde. Über die „Martinianer" werden in Gruppen von 13 Personen nacheinander Haftstrafen bei Brot und Wasser verhängt.[46] Seidler wird wieder verhaftet, kann fliehen, wird erneut gefangen, aber alsbald entlassen und des Landes verwiesen.

Erst nach dem Tod Georg des Bärtigen gibt es wieder Nachrichten von reformatorischen Bestrebungen in Döbeln. Sogleich nach der Herrschaftsübernahme durch Herzog Heinrich beginnen die Visitationen. Am 16. August kommen die Visitatoren von Oschatz nach Döbeln. Eine gründlichere Visitation folgt in der ersten Hälfte des Jahres 1540.

Döbeln ist nicht mehr Sitz eines Erzpriesters und wird der Superintendentur Oschatz eingegliedert. Das Benediktinerinnenkloster wird aufgelöst. Die Erträge des Verkaufs werden für die Landesschule in Merseburg bzw. später in Grimma bestimmt. Fünf Ordensfrauen erhalten eine jährliche Pension auf Lebenszeit, eine andere kauft sich ein Haus in der Stadt und Fräulein von Quetz heiratet den Pfarrer Christian Neumann, der 1540 aus Salzburg kam und dem ersten evangelischen Pfarrer, Conrad Wolfram, im Amt folgte.

1545 wird Valentin Braun berufen, der zuvor Diakonus in Oschatz war. Der gebürtige Erfurter war dort seit 1533 im Schuldienst, ging 1538 40-jährig nach Wittenberg zum Theologiestudium und war Famulus Luthers. Dass Luther ihn in Döbeln eingeführt haben soll, wie ein Gemälde in der Nikolaikirche zeigt, ist nicht belegt. Der Altar dieser Kirche aus den Jahren 1515/16 gehört zu den besten Leistungen der Schnitzkunst und Tafelmalerei in Sachsen. Das bronzene Lutherdenkmal von Ernst Paul aus Dresden (1902) steht in Stein vor der Stadtkirche in Dippoldiswalde (1903) und in der St. Johanniskirche Adorf.

Dresden

Im Mai 1516 kommt Martin Luther nach Dresden,[47] um in Altendresden das Augustinerkloster St. Erasmus zu visitieren, das später kurfürstlicher Jägerhof wird und jetzt das Museum für Sächsische Volkskunst beherbergt. Ein zweites Mal kommt Luther 1518 in die herzogliche Residenzstadt. Am 25. Juli predigt er in der Schlosskapelle, vielleicht auf Einladung des Hofkaplans und herzoglichen Sekretärs Hieronymus Emser, der damals noch mit Luther befreundet ist, aber später einer seiner schärfsten Gegner wird. Wahrscheinlich hat Luther wieder in Angelegenheiten des Ordens zu tun. Das Kloster hat einen weit reichenden, guten Ruf. Zeitweise werden bei Tisch sogar Schriften von Wiclif und Hus vorgelesen, bis es Herzog Georg untersagt und fordert, sich von dem abtrünnigen Ordens-Provinzial in Wittenberg loszusagen. Luther kommt später nicht wieder nach Dresden.

Aufgrund der Aktivitäten des Herzogs avanciert Dresden zunächst zu einem Hauptort des Kampfes gegen Luther. Hier werden zahlreiche Streitschriften gegen Luther gedruckt. Es sind die ältesten Dresdner Druckerzeugnisse. 1527 erscheint das von Emser übersetzte Neue Testament (in vielem ein Plagiat der Luther-Übersetzung) mit einer streitbaren Vorrede des Herzogs und mit Holzschnitten von Lucas Cranach und Georg Lemberge(r). Dresden wird zur Hochburg des Streitschriftenkrieges gegen Luther. Der aus Niederbayern stammende Wolfgang Stöckel druckt 36 Streitschriften gegen Luther und die Reformation.

Daneben gibt es immer wieder Unruhen in der Stadtbevölkerung, die sich gegen Emser, den Stadtpfarrer Dr. Eisenberg und gegen das zügellose Leben der Geistlichkeit richten. Spottschriften werden in Umlauf gebracht.

Abbildung rechts: Dresden, Museum für Sächsische Volkskunst (Jägerhof), früher Augustinerkloster

Ein gewisser Jobst Weißbrot muss 1522 eine Schmähschrift, die er verbreitet hatte, zur Strafe am Pranger selbst hinunter würgen.

Ein großer Kreis von Menschen ist für die Reformation aufgeschlossen. Der Rat jedoch bleibt dem Herzog, dessen Reformen und seiner antireformatorischen Haltung zugetan. Die Kämmereirechnungen verzeichnen Geldstrafen wegen „Gotteslästerung". Auch mit Leibesstrafen geht man gegen reformatorische Kritik vor. Später, im Landtagsausschuss 1537, schlagen die Dresdner Ratsvertreter mit anderen gemeinsam dem Herzog vor, dem Laienkelch beim Abendmahl zuzustimmen.

Am 17. April 1539 stirbt Herzog Georg morgens um neun Uhr. Noch am Abend trifft Herzog Heinrich mit stattlichem Gefolge eilends aus Freiberg kommend in Dresden ein und übernimmt unverzüglich die Regentschaft. Herzog Heinrich lässt schon am 23. April in der Schlosskapelle evangelische Gottesdienste halten, zu denen jedermann Zutritt erhält. Wenige Tage später wird die Fronleichnamsprozession verboten und angeordnet, nach lutherischer Lehre zu predigen und das Abendmahl nur in beiderlei Gestalt zu feiern. Der Stadtpfarrer Dr. Eisenberg richtet am 2. Juni einen Beschwerdebrief an den Meißner Bischof Johann VII. über diese Auflagen und beklagt, dass der Hofprediger Paul Lindenau, der neben seinem Amt als Hofprediger auch den Predigtdienst an der Kreuzkirche und das Superintendentenamt übernommen hatte, in der Kreuzkirche umstürzlerisch predige. Nach 27 Dienstjahren scheidet Eisenberg mit einem Ruhegehalt aus dem Dienst, weil er seiner Überzeugung treu bleiben will.

Bei seiner Huldigungsreise durch sein Territorium mit dem Höhepunkt am 22. Mai in Leipzig lässt sich der 66-jährige Herzog auch von evangelischen Predigern begleiten. Überall finden Gottesdienste mit Predigt und Abendmahl auf lutherische Weise statt.

Danach wird die Einführung der Reformation in Sachsen und Dresden am Sonntag, dem 6. Juli 1539, mit einem feierlichen Gottesdienst in der Kreuzkirche begangen, zu dem der Kreuzchor singt. Herzog Heinrich erscheint mit seiner Gemahlin, Kurfürst Johann Friedrich reist mit großem Gefolge aus Wittenberg an.

Dresden, Kreuzkirche, Predella des Altars mit Darstellung der ersten evangelischen Abendmahlsfeier am 6. Juli 1539 (Heinrich Erpler, 1900)

Als Nachfolger für den Hofprediger Paul Lindenau als zeitweiligen Superintendenten beruft der Rat am 27. Juni Johannes Keller (Cellerarius) in das Superintendentenamt. Sein Nachfolger Daniel Greser stammt aus Hessen. Ihn hatten der hessische Landgraf Philipp sowie Melanchthon empfohlen. Er prägt in 47 Dienstjahren tiefgreifend das evangelische kirchliche Leben in Dresden. Melanchthon erwirbt sich auch große Verdienste um die Berufung der Rektoren der Kreuzschule und der Kreuzkantoren. Melanchthon ist zwölfmal in Dresden zu Gast, da Kurfürst Moritz und später Kurfürst August seinen Rat schätzen. Letztmalig weilt er 1559 mit seinem Schwiegersohn Caspar Peucer auf der Durchreise nach Bautzen in Dresden.[48]

Herzog Moritz, der 1547 die Kurwürde erlangte, baut Dresden zu einer opulenten Renaissance-Residenzstadt aus. Er lässt eine neue evangelische Schlosskapelle erbauen, der Schlosskapelle in Torgau ebenbürtig. Das Portal zur Schlosskapelle im Großen Hof des Dresdner Residenzschlosses (1555) steht als eine Höchstleistung bildnerischer Kunst in Deutschland einzigartig da. Im Rückgriff auf den klassischen römischen Triumphbogen wird dieses prächtige Portal zum Triumphtor Christi. Es stellt mit seinem ikonographischen Programm ein Hauptkriterium der Reformation „allein Christus" vor Augen.[49]

Nach der Einführung der Reformation in Dresden drucken Wolfgang Stöckel und andere Drucker reformatorische Schriften. Bei Gimel Bergen und Matthes Stöckel entsteht seit Sommer 1578 der Satz der Konkordienformel und des Konkordienbuches, das alle lutherischen Bekenntnisschriften vereinigt und 1579/1580 erscheint. Für die Entstehung beider Schriften zur Einigung unter verschiedenen Strömungen der lutherischen Theologie nach dem Tode Luthers hatte sich auch Kurfürst August nachdrücklich eingesetzt. Die Korrektur lesen die Pfarrer an der Kreuzkirche, Peter Glaser und Caspar Füger. Letzterer verfasst lateinische und deutsche Verse zur Konkordienformel, die sein gleichnamiger Sohn, Caspar Füger, später Kreuzkantor in Dresden, 1580 als fünfstimmige Motette komponiert.

Die beispielgebende Kirchen- und Schulordnung des Kurfürsten August (1580) trägt mit dazu bei, dass Sachsen mit der Residenzstadt Dresden, mit den Hofpredigern und dem Oberkonsistorium nun den Ehrentitel „Mutterland der Reformation" erhält. Das Dresdner Gesangbuch[50] von 1593 stellt einen weiterwirkenden Gesangbuchtyp dar, der in der Folgezeit für das Luthertum theologisch prägend und beispielgebend wird.

Das Grüne Gewölbe zeigt den Siegelring Martin Luthers, den später Kurfürst Johann Georg I. trägt, die Hauswehr Luthers, einen Ring Melanchthons und einen Deckelbecher aus dem Besitz Luthers.[51] Die Gemäldegalerie beherbergt die weltweit größte Sammlung von Gemälden von Lucas Cranach dem Älteren und von Lucas Cranach dem Jüngern sowie aus beider Werkstatt.

Im Sächsischen Hauptstaatsarchiv Dresden liegt im Original[52] die Bannandrohungsbulle Papst Leos X. gegen Martin Luther und seine Anhänger vom 15. Juni 1520, die 41 ketzerische Lehrsätze Luthers aufzählt. Ferner befinden sich hier einmalige Dokumente zur Reformationsgeschichte, beispielsweise 120000 Seiten Visitationsniederschriften oder eine Niederschrift Melanchthons zur Abendmahlslehre Bucers mit Randbemerkungen Luthers.[53] Die Sächsische Landes-, Staats- und Universitätsbibliothek zählt zu ihren Beständen wertvolle Originale aus der Reformationszeit, darunter Luthers eigenhändige Niederschrift der Ersten Psalmenvorlesung (1513–1516), das nach der Bibelübersetzung umfangreichste Manuskript Luthers, ferner Briefe Luthers und anderer Reformatoren sowie zahlreiche Lutherdrucke.

Freiberg

Luther kommt nie nach Freiberg. Er pflegt aber enge Beziehungen zu vielen Freunden in Freiberg,[54] zu Ratsfamilien und zu den Kindern des Bürgermeisters Johann Weller von Molsdorf, besonders zu Hieronymus Weller, der zeitweilig Hauslehrer der Kinder Luthers ist. Luthers Briefe zeigen, dass die Reformation schon früh in diesem Gebiet Fuß gefasst hat, vor allem bei den Bergleuten. Reformatorisch Gesinnte werden jedoch verfolgt, wie aus einem Trostbrief Luthers an den Bürgermeister und Richter zu Frauenstein hervorgeht.[55]

Zunächst schließt sich der in den Ämtern Freiberg und Wolkenstein regierende Herzog Heinrich dem Verbot Herzog Georgs an, Luthers Übersetzung des Neuen Testaments zu besitzen. Heinrich verweist drei Hofdamen seiner Gemahlin Katharina aus Freiberg, da sie Schriften Luthers gelesen hatten. An sie richtet Martin Luther 1523 ein Trostschreiben[56]. In den Klöstern der Stadt zeigen sich zunehmend Auflösungserscheinungen. Unmut wird gegenüber dem altgläubigen Kapitel des Kollegiatstifts St. Marien laut. Die Herzogin macht sich seit 1524 zunächst eher verdeckt, dann immer offener zu einer Fürsprecherin der Reformation. Es gelingt ihr, dass der 1524 aus Leipzig vertriebene Andreas Bodenschatz 1526 als Prediger an das Magdalenerinnenkloster gerufen wird. Er verschafft der Herzogin Schriften Luthers. 1533 wird Georg Schumann aus dem Dominikanerkloster, später Pfarrer von Marienberg, als evangelischer Prediger der Herzogin genannt. Da evangelische Abendmahlsfeiern zunächst nur im engen persönlichen Umfeld der Herzogin möglich

sind, gehen manche Freiberger zum evangelischen Abendmahl bis nach Leisnig in kursächsisches Gebiet, was Herzog Georgs Zorn hervorruft.

1531 hören Katharina und Heinrich in Torgau Martin Luther predigen. Der Herzog mildert daraufhin die von ihm verhängten Strafen gegen die Evangelischen und hebt sie schließlich auf. Ein weiteres Mal hören die beiden im Jahr 1534 bei einem Besuch in Wittenberg Luther predigen. Schließlich gestattet Herzog Heinrich im September 1536 für das Gebiet der Ämter Freiberg und Wolkenstein, die ihm 1509 als Herrschaft übereignet worden waren, die freie Religionsausübung. Am Neujahrstag 1537 hält Jacob Schenk im Dom den ersten evangelischen Gottesdienst und reicht das Abendmahl unter beiderlei Gestalt. Schenk ist auf Luthers Empfehlung seit 1536 Hofprediger und Kaplan der Herzogin. Auch jetzt setzen sich in Freiberg die früheren Auseinandersetzungen über den Empfang des Abendmahls in beiderlei Gestalt fort. Luther drängt zunächst zu Geduld und Milde, später aber im Unterschied zu dem konzilianteren Melanchthon, der die Belastbarkeit schwacher Gewissen und das Ungewohnte stärker zu berücksichtigen wünscht, zu konsequentem Handeln, zumal es Schenk nicht gelingt, das Kollegiatstift am Dom für die evangelische Sache zu gewinnen. Ende Juni 1538 verlässt Schenk Freiberg.

Im August 1538 kommt es zu einer zweiten Visitation als Fortsetzung der Visitation von 1537. Der aus Freiberg stammende Nikolaus Hausmann, ein enger Vertrauter Luthers, der in Schneeberg, Zwickau und Dessau gewirkt hatte, wird zum Superintendenten bestimmt. Er kann sein Amt nicht antreten, da er am 3. November während seiner Antrittspredigt auf der Tulpenkanzel im Freiberger Dom vom Schlag getroffen wird, kurz darauf stirbt und im Freiberger Dom begraben wird. Im Januar 1538 übernimmt der ebenfalls aus Freiberg stammende Kaspar Zeuner das Amt des Superintendenten.

Von Freiberg ausgehend weitet sich nach dem Tode Herzog Georgs die Reformation im gesamten Herzogtum Sachsen aus. 1543 bekennt sich

Abbildung links: Freiberg, Dom, Kurfürst Moritz knieend vor dem Gekreuzigten (Moritzmonument 1563)

der letzte Domdekan, Balthasar von Ragwitz, zum evangelischen Glauben und löst das Kollegiatstift auf.[57] Bereits 1542 wird das ehemalige Domherrenhaus (heute Stadt- und Bergbaumuseum) als Schulgebäude genutzt.

Der Hohe Chor des Domes zu Freiberg wird seit der Einführung der Reformation zur Grablege der evangelischen Wettiner. Die opulente Ausgestaltung leitet in den Jahren 1589 bis 1594 Giovanni Maria Nosseni. Die Skulpturen der vor dem Tischaltar mit dem Gekreuzigten knienden Fürstlichkeiten schuf der Florentiner Carlo di Cesare. Dieses außergewöhnliche Gesamtkunstwerk ist in seiner Verbindung von florentinischen, niederländischen und deutschen Einflüssen in Deutschland einmalig.

Gleichermaßen von europäischem Rang und von besonderer Bedeutung für die Geschichte des Protestantismus ist das für den 1553 gefallenen Kurfürsten Moritz im Vorchor des Domes errichtete Moritzmonument. Auch dieses in der Klarheit und Strenge der Renaissanceformen beeindruckende Monument ist ein Gemeinschaftswerk verschiedener Künstler. Zu nennen sind besonders Benedetto und Gabriele Thola, die in Dresden wirkten, sowie der Antwerpener Bildhauer Anton van Zerroen, der nach dem in Lübeck gefertigten Modell die Einzelteile in verschiedenfarbigem, belgischem Alabaster und Marmor ausführt, die auf dem Wasserwege über Hamburg elbaufwärts nach Dresden gebracht und 1563 in Freiberg aufgestellt werden.

Auch in Freiberg ist die Reformation mit dem Beginn einer lebendigen Musikpflege verbunden, zunächst am Hof mit fünf Sängern und einem Organisten, dann an den Kirchen der Stadt. Die Namen des genialen Komponisten Christoph Demantius (1604–1643 in Freiberg) und des Orgelbauers Gottfried Silbermann (1683–1753), der seine Werkstatt in Freiberg hatte und vier der heute in Freiberg befindlichen Orgeln schuf, sind für die bis heute beispielgebende kirchenmusikalische Arbeit in Freiberg verpflichtend.

Leipzig

Als der 25-jährige Luther von Erfurt nach Wittenberg versetzt wird, führt sein Fußweg zu seinem neuen Wirkungsort über Leipzig.[58] Vermutlich geht er diesen Weg 1510 auf seiner Reise nach Rom, die ihn für die Herausbildung seiner reformatorischen Gedanken entscheidend prägt, ebenso bei späteren Reisen zwischen Erfurt und Wittenberg.

Historisch nachweisbar sind sieben Besuche Luthers in Leipzig. 1512 kann er sich hier die 50 Gulden abholen, die der Kurfürst zur Bestreitung der Kosten seiner Promotion bewilligt hatte. Im April 1518 reist er über Leipzig nach Heidelberg zur Disputation, im Oktober nach Augsburg zum Reichstag, im Januar 1519 nach Altenburg.

Im Juni 1519 findet gegen den Willen der Theologischen Fakultät und des zuständigen Bischofs von Merseburg, Adolf von Anhalt, auf Geheiß des Herzogs Georg die „Leipziger Disputation" in der Pleißenburg[59] statt. Bei diesem theologischen Streitgespräch mit ungeahnter Ausstrahlung formuliert Luther im Disput mit Johannes Eck die Differenz zur katholischen Kirche, indem er aus der Heiligen Schrift den göttlichen Ursprung des Papstamtes bestreitet, einige Sätze von Jan Hus als evangelisch bezeichnet und deshalb die Irrtumsfähigkeit von Konzilien eingestehen muss. Bei dieser Disputation ist der Herzog anwesend, der fortan Luther und die reformatorischen Bestrebungen in Leipzig und in seinem Herrschaftsgebiet rigoros bekämpft.

Im Dezember 1521 hält sich Luther als Junker auf der Durchreise nach Wittenberg in Leipzig auf. Die Kunde davon verbreitet sich rasch. Die beiden Söhne des Herzogs befehlen dem Rat strenge Nachforschungen. In den folgenden Jahren kann Luther die Stadt nicht betreten.

Während in Leipzig in der folgenden Zeit einerseits polemische Schriften gegen Luther verfasst werden, beginnt andererseits unter dem Eindruck der Leipziger Disputation Stephan Schönbach 1522 evangelisch zu predigen. Er wird vertrieben. Ihm folgt 1523 Sebastian Fröschel, der knapp dem Gefängnis entgeht und aus Leipzig verbannt wird. Im Georgenkloster der Zisterzienserinnen predigt seit 1523 Andreas Bodenschatz. Dessen Anstellung an einer Leipziger Pfarrkirche, um die 105 namentlich

Leipzig, Thomaskirche, Lutherfenster (Adolf Stockinger, 1889), Detail

aufgeführte Leipziger gebeten hatten, lehnt der Herzog 1524 ab. Im gleichen Jahr stellt der Rat dem Herzog eine Beschwerde der Drucker zu, weil sie nach dem herzoglichen Verbot des Besitzes von Lutherschriften nicht drucken und verkaufen dürfen, wonach eine große Nachfrage besteht. Die Leipziger Buchdrucker hatten zur Verbreitung der reformatorischen Wittenberger Theologie wesentlich beigetragen. Der Drucker Melchior Lotter druckte zuerst Luthers 95 Thesen als Plakatdruck. 1518/19 erschienen in Leipzig 38 Lutherschriften in 113 Auflagen. Das sind etwa 40 Prozent aller Lutherdrucke dieser Zeit. Nach einem Verbot des Herzogs dürfen nur noch lutherfeindliche Schriften gedruckt werden, so dass Leipzig nun zu einem führenden Verlagsort antireformatorischer Schriften wird.

Der Medizinprofessor Heinrich Stromer aus Auerbach indes sammelt Lutherschriften und leiht sie Leipziger Einwohnern und Universitätsangehörigen, obwohl der Herzog strikt auf die Einhaltung des Wormser Ediktes achtet, das den Besitz von Schriften Luthers verboten hatte. Im November 1522 untersagt der Herzog den Kauf und Verkauf von Luthers Übersetzung des Neuen Testaments und fordert deren Abgabe.

1533 kommt es bei der Beerdigung des Juristen Augustin Specht, der als Anhänger Luthers bekannt war, zu einer Demonstration der evangelischen Bewegung in Leipzig. Der Herzog, der im September 1532 in einem Mandat allen, die Veränderungen vornehmen, Bestrafung an Leib und Gut und den Anhängern der evangelischen Bewegung die Ausweisung angedroht hatte, verlangt die Bestrafung aller, die nicht nach römischem Ritus an der Beichte und am Abendmahl teilnehmen. Schon seit einigen Jahren gehen Leipziger zum evangelischen Gottesdienst in umliegende Ortschaften auf kurfürstlichem Territorium, beispielsweise nach Eicha sowie nach Naunhof, Holzhausen und Zuckelhausen, wo der aus Leipzig vertriebene Magister Schönbach predigt. Schließlich werden 70 bis 80 Evangelische samt ihren Familien ausgewiesen. Luther schreibt an sie einen Trostbrief. Vergebens versucht Herzog Georg 1534 und 1539 mit Religionsgesprächen in Leipzig zwischen den Gegensätzen zu vermitteln.

Erst nach seinem Tode kann am Pfingstfest 1539 in Leipzig die Reformation in Verbindung mit der Huldigung der Stadt für Herzog Heinrich festlich eingeführt werden als Beginn der Reformation im albertinischen Sachsen. Die beiden Söhne des Herzogs, Moritz und August, sind in der Stadt, ebenso Kurfürst Friedrich. Mit Luther kommen die Wittenberger Reformatoren Philipp Melanchthon, Justus Jonas, Caspar Cruciger sowie die Hofprediger Paul Lindenau aus Dresden und Friedrich Myconius aus Gotha. Am Sonnabend vor Pfingsten predigt

Luther in der Kapelle auf der Pleißenburg, am Pfingstsonntag, 25. Mai, nachmittags mit unglaublichem Zulauf in der Thomaskirche. Eine Gedenktafel in der Kirche erinnert daran. Die Reformation findet die Zustimmung der Mehrheit der Bevölkerung. Aber der Rat bleibt zunächst zurückhaltend.

Im August erfolgt die erste „eilende und vorläufige" Visitation in Leipzig, der 1540 eine weitere folgt, bei der die Fragen der kirchlichen Ordnung und Verwaltung und der Finanzen geregelt werden. Erst jetzt kann Johann Pfeffinger, zu dessen Predigten die Leipziger nach Eicha gegangen waren, als Pfarrer von St. Nicolai und als erster evangelischer Superintendent in Leipzig eingeführt werden.

Luther kommt in späterer Zeit noch viermal auf der Durchreise nach Leipzig. Philipp Melanchthon, dem Freund des Reformators, ist kaum eine andere Stadt neben Wittenberg so vertraut wie Leipzig. Melanchthon trägt wesentlich zum Aufbau einer humanistisch-reformatorischen Universität in Leipzig bei. Er besucht Freunde und Angehörige der Leipziger Universität, zu denen er eine intensive Korrespondenz unterhält. Zur Messe, zur Prüfung der kurfürstlichen Stipendiaten und zur Beratung in Personalfragen der Universität hält er sich in Leipzig auf.[60] Die Universitätsbiliothek *(Bibliotheca Paulana)* wird aus den Bibliotheken der einzelnen Fakultäten geschaffen. Herzog Moritz weist ihr die Bibliotheken der Klöster zu Leipzig, Altenzella bei Nossen, Chemnitz, Pegau, Pirna und auf dem Petersberg bei Halle zu. Am 10. Oktober 1543 werden in der Paulinerkirche die ersten Doktoren der evangelischen Theologie in Leipzig promoviert. Am 12. August 1545 predigt Martin Luther in dieser Kirche und weiht sie mit Predigt und Gebet als erste evangelische Universitätskirche in Deutschland.

1545 bringt der Leipziger Verleger Valentin Bapst auf älteren Gesangbüchern aufbauend das umfassendste Gesangbuch der Reformationszeit mit einer Vorrede Martin Luthers auf den Buchmarkt (das so genannte Bapstsche Gesangbuch).[61]

Für den Fortgang der Reformation werden entscheidende Konferenzen zu einer künftigen allgemein verbindlichen Kirchenordnung in Sachsen nach Leipzig einberufen. 1544 schlagen die Superintendenten von Dresden, Pirna und Leipzig die Einrichtung von Kirchenräten auf Gemeindeebene vor, die für ihren Bereich mit den Fragen der Lebensführung, des Schulwesens und der Verwaltung des Vermögens betraut werden sollen. Das wird jedoch von Georg von Anhalt, dem von Herzog Moritz eingesetzten geistlichen Koadjutor des Hochstifts zu Merseburg, und von den herzoglichen Räten abgelehnt.[62] 1550 wird das Konsistorium für das Gebiet des Bistums Merseburg nach Leipzig verlegt, das bis 1835 besteht.

Vier Jahre nach Luthers Tod wird am 30. Juni 1548 das „Augsburger Interim" Reichsgesetz, das interimistisch bis zu einem Konzil die bisherigen katholischen Lehren und Bräuche vorschreibt und lediglich Laienkelch und Priesterehe zulässt. Kurfürst Moritz will eine radikale Zurückweisung nicht riskieren und muss einen Ausweg finden, den ständigen Mahnungen von Kaiser und König etwas entgegenzusetzen. Es entstehen die „Leipziger Artikel", bei denen Melanchthon mitwirkt.[63] Sie stellen einen „Auszug" aus dem „Augsburger Interim" vom 30. Juni 1548 dar und enthalten zwar einige Positionen der reformatorischen Lehre, lassen aber zahlreiche katholische Riten und Zeremonien weiter bestehen, wie das Tragen der Messgewänder und das Fronleichnamsfest. In vielen Gemeinden regen sich gegen die Leipziger Artikel heftige Widerstände. Pfarrer werden entlassen oder gemaßregelt. Die angestrebte Vereinheitlichung der Kirchengebräuche und der Gottesdienste gelingt nicht.

Als Vertreter Kursachens bei der Ausarbeitung der Konkordienformel und bei der Verbreitung des 1580 erschienenen Konkordienbuches die innerlutherische theologische Differenzen beheben sollen, wirkt maßgeblich Nikolaus Selnecker mit, seit 1574 Professor an der Theologischen Fakultät, dann nach 1576 Pfarrer an der Thomaskirche und Superintendent in Leipzig.

Die Verbindung der Reformation mit der Kirchenmusik ist in Leipzig bis heute lebendig, angefangen bei Thomaskantor Georg Rhau, der für die Leipziger Disputation eine zwölfstimmige Motette für den Thomanerchor komponiert und „von dem Fechtmeister Eck zu dem Gewissensstreiter Luther" umschwenkt,[64] bis hin zu Johann Sebastian Bach, der in der Thomaskirche, Nikolaikirche und Paulinerkirche musiziert. Für seine Kantaten, Oratorien, Passionen und Choralbearbeitungen für Orgel sind die Lutherbibel, Lutherlieder und der evangelische Choral prägend.

Die Leipziger Stadtbibliothek bewahrt Briefe und familiengeschichtliche Dokumente aus dem Besitz Luthers und seiner Nachkommen. Die Universitätsbibliothek besitzt wichtige Handschriften zu Luthers Tischreden, ferner zahlreiche Briefe Luthers, Melanchthons und anderer Reformatoren sowie frühe Drucke von Schriften Luthers und Melanchthons. Im Stadtgeschichtlichen Museum befindet sich der Lutherbecher, ein Geschenk des schwedischen Königs an Luther. Ferner ist der Ring der Katharina von Bora zu bewundern, in den das Hochzeitsdatum 13. Juni 1525 eingraviert ist. Das Museum der Bildenden Künste beherbergt Bildnisse Luthers und reformationsgeschichtlich bedeutender Persönlichkeiten.

Das Reformatorendenkmal mit Luther und Melanchthon von 1883, das in der Nazizeit eingeschmolzen wurde, soll wieder errichtet werden. Am Standort des Hauses des Druckers Melchior Lotter in der Hainstraße erinnert eine Tafel mit Luthers Reliefbüste, dass der Reformator während seiner Aufenthalte in Leipzig hier mehrfach wohnte.

Meißen

Am 18. April 1539, einen Tag nach dem Tode Herzog Georgs des Bärtigen, finden im Dom zu Meißen die von ihm angeordneten ausgedehnten Trauerfeierlichkeiten statt. Herzog Heinrich verlässt sie, als die Seelenmessen und Vigilien beginnen, und lässt sich auf der Burg in seinem Zimmer von seinem Freiberger Hofprediger Paul Lindenau eine evangelische Trauer- und Trostpredigt halten, die erste evangelische Predigt in Meißen.[65]

Am 14. Juli 1539 kommen beide Wettiner, Herzog Heinrich mit seinen Söhnen Moritz und August sowie Kurfürst Johann Friedrich, mit großem Gefolge zur ersten Visitation nach Meißen. Die Verhandlungen mit dem Bischof und den Domkapitularen zur Einführung der Reformation verlaufen erfolglos. Auf beider Fürsten Befehl, der Abgötterei Einhalt zu gebieten, dringen am 15. Juli früh morgens um drei Uhr bewaffnete Männer in den Dom ein und zerschlagen das Grabmal Bischof Bennos.

Vom 15. bis 17. Juli findet die erste Visitation in Meißen statt. Die Visitatoren, zu denen Georg Spalatin und Justus Jonas gehören, setzen Johannes Weiß (Albinus) als Stadtpfarrer und einen evangelischen Domprediger ein, den die Domherren zu bezahlen haben. Obwohl das Hochstift weiterhin katholisch bleibt, wird die Stadt Meißen evangelisch. Die Errichtung einer Superintendentur und die Einsetzung von Johannes Weiß als ersten Superintendenten erfolgen erst bei einer zweiten Visitation 1540.

Luther war nie in Meißen. Seine Theologie und die reformatorischen Gedanken finden jedoch auch in Meißen und im Meißner Gebiet bald Anhänger.[66] Am 16. Juni 1524 wird im Dom die Altarerhebung der Gebeine des Bischofs Benno von Meißen, der am 31. Mai 1523 in Petersdom zu Rom auf Betreiben des Herzogs heiliggesprochen worden war, mit großen Festlichkeiten begangen. Damals findet die heftige Streitschrift Luthers „Wider den neuen Abgott und alten Teufel, der zu Meissen soll erhoben werden" weite Verbreitung. Luther kritisiert die Heiligenverehrung und die Anrufung der Heiligen im Gebet, durch die verdunkelt wird, dass „allein Christus" der Mittler des Heils ist. Diese Schrift stellt die Lebensgeschichte des Heiligen Benno, verfasst vom Dresdner Hofkaplan Hieronymus Emser, und dessen polemische Erwiderungen auf Luthers Schrift weit in den Schatten.

In den Jahren zuvor und danach verlassen 13 Ordensleute das Kloster St. Afra der Augustiner-Chorherren. Einige von ihnen übernehmen später evangelische Pfarrämter. 1539 sind es nur noch acht Ordensleute, die sich bis auf einen Mönch zum evangelischen Glauben bekennen. 1540 werden die Mönche des Franziskanerklosters dem Kloster St. Afra zugewiesen, das im gleichen Jahr in Folge der weiteren, gründlicheren Visitation aufgelöst wird. Im Franziskanerkloster wird eine Stadtschule (Franiskaneum) eingerichtet. Das Benediktinerinnenkloster an der Straße nach Leipzig wird aufgehoben.

Herzog Moritz gründet 1543 die Fürstenschule St. Afra, zu deren bedeutenden Schülern später Christian Fürchtegott Gellert, Gotthold Ephraim Lessing und Johann Gottlieb Fichte zählen.

Nach Wittenberger Vorbild wird 1545 in Meißen ein Konsistorium als eine aus Theologen und Juristen zusammengesetzte Kollegialbehörde eingerichtet.[67] Es hat als Aufsichts- und Verwaltungsbehörde die kirchlichen Angelegenheiten und Ehesachen für die neun Superintendenturen der Markgrafschaft Meißen zu ordnen. 1580 wird dieses Konsistorium nach Dresden verlegt.

Nach Luthers Tod hält sich Melanchthon mehrfach in Meißen auf, beispielsweise zum Landtag vom 1. bis 11. Juli 1548. Damals berät eine Kommission der Landstände und Wittenberger Theologen, zu der neben Melanchthon auch Cruciger und die Superintendenten von Leipzig und Dresden gehören, wie dem Augsburger Interim zu begegnen sei. Auch wegen der Fürstenschule kommt Melanchthon nach Meißen, zuletzt im September 1554. Freundschaftliche Verbindungen bestehen zum Magistrat zu Meißen und zum Bürgermeister Nikolaus Ansorge, die ihm beispielsweise ein Fässchen Wein verehren oder für eine Reise nach Celle einen Reisewagen zur Verfügung stellen.

Das Bistum Meißen, das unter dem gemeinsamen Schutz der albertinischen und ernestinischen Herrscher steht, besteht zunächst weiter bis 1581. Die Südostseite des Domberges mit der Bischofsburg und den Domherrenhäusern ist zwar bischöflicher Besitz, die Bischöfe residieren aber nicht hier, um sich gegen den Anspruch der Herzöge zu wehren, dass der Bischofshof Teil des herzoglichen Schlosses sei.[68] 1581 verzichtet der letzte Bischof des damaligen Bistums Meißen, Johann IX. von Haugwitz, auf das Hochstift und den Dom zu Meißen. Das Hochstift, das bis heute besteht, wird nun vollständig evangelisch.

Pirna

Am Nachmittag des 21. Juli 1539 treffen in Pirna die Visitatoren ein.[69] Es sind 18 Personen mit Gefolge, unter ihnen Justus Jonas, Propst zu Wittenberg, und Georg Spalatin, früher in Wittenberg Hofprediger Friedrichs des Weisen, nach 1525 Pfarrer und später Superintendent in Altenburg. Bereits am 13. Juli hatten Abgesandte des Rates zu Pirna dem Pfarrer an der

Abbildung rechts: Pirna, St. Marien, Evangelist Lukas mit den Gesichtszügen Luthers (Detail der Gewölbeausmalung 1545/46)

Stadtkirche zu Wittenberg, Anton Lauterbach, das Amt des Stadtpfarrers in Pirna angetragen. Lauterbach (1502–1569) ist einer der angesehensten Theologen der Reformationszeit. Er hatte in Luthers Haus gewohnt, mit dem ihn eine herzliche Freundschaft verbindet. Er zeichnet 1531/33 und 1536/39 Luthers Predigten und Tischreden auf, die mit seinen Tagebüchern [70] eine wichtige Quelle für Luthers Lebensgeschichte sind. Am 27. Juli 1539 hält er die erste evangelische Predigt in der Pirnaer Klosterkirche der Dominikaner, da die Marienkirche noch im Bau begriffen ist.

Der Einzug der Reformation in Pirna ist durch eine jahrelange Missstimmung zwischen der Bürgerschaft und der Geistlichkeit vorbereitet. Das Dominikanerkloster hatte zunehmend mit wirtschaftlichen Schwierigkeiten zu kämpfen. Drei Predigermönche wurden schon vor 1539 evangelisch und bekleiden später geistliche Ämter.

Während seiner Amtszeit bekommt es Lauterbach in Pirna, wo der Ablassprediger Johann Tetzel 1465 geboren war, mit den Widerständen derer zu tun, die beim katholischen Glauben bleiben wollen und darin von dem in Stolpen residierenden Bischof von Meißen und den Priestern des nahe an Pirna heranragenden Stolpener Gebietes bestärkt werden. Die Visitationen in den Jahren 1540 und 1555 führen zu einer Konsolidierung der kirchlichen Verhältnisse. Lauterbach hat bis zu seinem Tod 1560 die Superintendentenstelle inne. Mit Luther und Melanchthon unterhält er intensive persönliche Kontakt und einen regen Briefwechsel.

Zu seiner Amtszeit wird 1546 der Bau der St. Marienkirche vollendet. Die Gemälde im Gewölbe aus den Jahren 1545/46 gehören zu den frühesten Bildzyklen der Reformationszeit. Es sind Szenen aus dem Alten und dem Neuen Testament dargestellt. Im Chor sind Petrus und Paulus und die Evangelisten zu sehen, wobei Lukas die Gesichtszüge Luthers, Markus die Gesichtszüge Melanchthons trägt. Es sind auch Hinweise auf die anderen Reformatoren zu entdecken, beispielsweise eine Lutherrose, ein Kreuz mit P.M. (Philipp Melanchthon), eine Harfe mit J.B. (Johannes Bugenhagen), ferner Jonas mit dem Wal (Justus Jonas). Diese Deckengemälde sind ein protestantisches Kunstwerk von hoher Seltenheit und einzigartiger Bedeutung.

Rochlitz und Mittweida

Herzogin Elisabeth von Hessen, die Schwester des hessischen Landgrafen Philipp, nimmt im Frühjahr 1537 nach dem Tode ihres Gemahls die Ämter Rochlitz und Kriebstein in Besitz. Diese hatte ihr bei der Hochzeit mit Herzog Johann dem Jüngeren (1498–1537) ihr Schwiegervater Herzog Georg als Wittum zugesichert.

Der Herzog ahnt, dass Herzogin Elisabeth in diesem Gebiet die Reformation befördern wird. Er hat sie bei früheren Zerwürfnissen als eine in politischen und geistlichen Entscheidungen eigenständige und selbstbewusste Persönlichkeit kennen gelernt und durchschaut deren enge Verbindung zu ihrem Bruder, dem Landgrafen von Hessen, und zu Kurfürst Johann Friedrich, die beide den Fortgang der Reformation tatkräftig unterstützen. Herzogin Elisabeth gebührt der Ehrentitel „Reformatorin von Rochlitz und Mittweida". Auf den intensiven reformatorischen Bestrebungen in diesen beiden Städten aufbauend verhilft sie der Reformation zum Durchbruch und zur Konsolidierung und lässt sich dabei durch die Drohungen des Herzogs, ihr das Wittum zu entziehen, nicht einschüchtern.

In *Rochlitz* sind die ersten Spuren reformatorischen Geistes 1523 nachweisbar. Damit das Volk nicht verführt wird, drängt Herzog Georg den Bischof von Merseburg, Adolf von Anhalt, zum Einschreiten gegen den Prediger zu Rochlitz, der sich von der alten Kirche abgewendet habe.[71] Als Folge der Visitation des Bischofs im April 1524 wird dem Altaristen Peter auferlegt, die Stadt zu verlassen, nachdem er sich geweigert hatte, die lutherischen Bücher aus seinem Besitz abzugeben. Im gleichen Jahr mahnt der Herzog den Rat, gegen das Nachlassen von Seelenmessen einzuschreiten. Drei Jahre später kommt er selbst in die Stadt, da ihm vom Rochlitzer Pfarrer Johann Schmaus hinterbracht worden war, dass die „lutherische Sekte" infolge des Wirkens des Predigers Urban Hering anwachse. Diese Denunziation löst in der Stadt Empörung aus, der sich Schmaus durch die Flucht bei Nacht und Nebel entzieht. Auf Bitten einflussreicher Persönlichkeiten der Stadt und seiner Räte lässt sich Georg besänftigen und bestimmt lediglich, dass Urban Hering die Stadt für immer verlassen muss. Aber die evangelische Sache kommt weiter voran.

Um 1530 predigt Magister Georg Heidenreich gegen das Fasten, den Beichtzwang und die Verdienstlichkeit der guten Werke. Einzelne Rochlitzer gehen in das ketzerische Wittenberg zum Studium. Um das Abendmahl in beiderlei Gestalt zu empfangen, laufen Rochlitzer Bürger in evangelische Orte des nahen Kurfürstentums. Im April 1535 sieht sich der Herzog genötigt, die Rochlitzer zu ermahnen, bei der alten Kirche zu bleiben, die Kommunion unter einer Gestalt und die Seelenmessen beizubehalten, keine lutherischen Lieder zu singen und die Priester nicht mit Worten oder Werken zu beleidigen.

Als der 1535 nach Rochlitz gekommene Prediger Johann Gülden deutsche Lieder singen lässt und zur Kommunion und zu den Taufen die deutsche Sprache verwendet, muss er Rochlitz nach einer Beschwerde der Priester der Stadt beim Herzog verlassen. Auch damit ist nicht zu verhindern, dass sich angesehene Bürger der Reformation zuneigen und eine zunehmende Anzahl der Bewohner lutherisch gesinnt ist.

In *Mittweida*[72], das dem Meißner Domkapitel untersteht, gibt es bereits 1514 heftige Klagen über Auswüchse in der Niederlassung der Augustinermönche aus Hain (Großenhain), die in Mittweida Almosen sammeln. Bei seiner Anwesenheit zur Visitation in Mittweida beschwört der Meißner Bischof Johann VII. von Schleinitz 1524 die Stadt, bei der alten Kirche zu bleiben. Doch zwei Jahre später weigern sich die Mittweidaer, dem neu eingesetzten Pfarrer „sein gebührlich Opfer zu reichen". Der Herzog ermahnt die Mittweidaer, die Gebühren zu entrichten, und veranlasst, dass eine Kommission des Domkapitels die Zwistigkeiten zwischen Pfarrer und Gemeinde beilegen solle. 1527 werden acht Mittweidaer Bürger beim Herzog angeschuldigt, „die lieben Heiligen verhöhnt" zu haben. Sie werden inhaftiert.[73]

Im April 1535 ordnet der Herzog eine Erkundung an, weil viele Mittweidaer zum evangelischen Gottesdienst in das vier Kilometer entfernte Ringethal gehen. Es stellt sich heraus, dass 217 Mitweidaer vor Ostern nicht an der verordneten Kommunion teilgenommen haben. Ein Teil von

Abbildung links: Rochlitz, Schloss mit Schlosskapelle

ihnen beharrt darauf, das Abendmahl nur nach lutherischer Weise empfangen zu wollen. 73 Personen müssen um ihres Glaubens willen Mittweida verlassen und ziehen in kursächsisches Gebiet.

Als Elisabeth im März 1537 ihr Territorium übernimmt, ist sie entschlossen, den evangelischen Glauben hier ungehindert zu beheimaten. Landgraf Philipp von Hessen schickt seiner Schwester noch im Frühjahr Johann Schütz aus Kassel als Schlossprediger nach Rochlitz. Die aus Mittweida Vertriebenen können zurückkehren. Der Mittweidaer Bürgermeister Ambrosius Heinichen lässt die Herzogin wissen, dass ein Teil ihrer Untertanen evangelische Prediger wünscht.

Die Herzogin Elisabeth spricht sich am 2. Dezember 1537 in einem Mandat an die Städte in ihrem Territorium für das Abendmahl in beiderlei Gestalt aus. Denen ihrer Untertanen, die sich aus Gewissensgründen dem nicht anschließen wollen, stellt sie anheim, dies nicht zu tun, „denn wir gedenken, niemand der Unseren zum Glauben oder davon weg wider ihr Gewissen zu drängen"[74]. Sie verbietet also nicht – wie später Herzog Heinrich – die bisherigen katholischen Bräuche.

Für Rochlitz schickt ihr der Kurfürst den Superintendenten Jenas, Anton Musa. Sie setzt ihn im Januar 1538 als Pfarrer von Rochlitz ein, nachdem der bisherige Rochlitzer Pfarrer unter Protest mit einer hohen Pension auf sein Amt verzichtet hatte.

Herzog Georg protestiert gegen die Aktivitäten seiner Schwiegertochter und veranlasst die Merseburger und Meißner Bischöfe zu Protestbriefen. Hinter ihnen steht seine Kanzlei. Den Vorwurf des Meißner Bischofs, dass eine Frau dem Mann untertan sein müsse und kein Recht habe, ihren Willen durchzusetzen, lässt die Herzogin nicht gelten. Ihre Antwortbriefe an den Herzog und die Bischöfe lassen Landgraf Philipp von Hessen und Kurfürst Johann Friedrich vorbereiten, Letzterer mit Unterstützung Melanchthons. In den harten Auseinandersetzungen kann sich Georg nicht durchsetzen. Seine Anrufung des Reichskammergerichts gegen die Reformen der Herzogin hat keinen Erfolg.

Herzogin Elisabeth bildet in ihrem Gebiet einen einheitlichen Kirchenbezirk. Sie setzt Anton Musa als Superintendenten in Rochlitz ein. 1539 und 1541 veranlasst sie eigene Visitationen. Den von Herzog Heinrich eingesetzten Visitatoren gewährt sie keinen Zugang zu ihrem Territorium. Die Pfarrer ihres Gebietes werden dem Superintendenten von Rochlitz unterstellt. In Mittweida wird ein „Gemeiner Kasten" errichtet, in den die Gelder der fünf Altäre der Pfarrerkirche St. Marien, der zwei Altäre der Allerheiligenkapelle und das Vermögen der vier dortigen Bruderschaften fließen.

Herzogin Elisabeth handelt selbstbewusst aus einer tiefen inneren Frömmigkeit heraus. Jahre später schreibt sie an Herzog Moritz: „Ich bin ganz fröhlich, denn ich weiß, dass die Sache Gott angehet, dass Gott es längst geordnet hat, wie es sein soll. Gottes Kraft ist unsere Macht. Gott wird's wohl machen."[75]

Die Territorien des Hochstifts Meißen

Wurzen

Schon früh kommt es auch im Wurzener Stiftsgebiet zu reformatorischen Bestrebungen, nicht zuletzt der Nähe zu Wittenberg und Eilenburg wegen.[76] Die Meißner Bischöfe versuchen, zumindest in den eigenen Stiftsgebieten die Reformation zu verhindern. Es lässt sich aber nicht aufhalten, dass nicht nur die Außenbezirke, sondern auch zentrale Regionen des Wurzener Stiftsgebietes unter reformatorischen Einfluss kommen.

Beide wettinischen Herrscherhäuser sind Schutzmächte des Wurzener Stiftsterritoriums. Die ernstinischen Kurfürsten versuchen jedoch, den Einfluss des albertinischen Herzogs einzudämmen, der seinerseits gern das bischöfliche Territorium um Stolpen seinem Gebiet einverleibt hätte.

Nach dem Tode Herzog Georgs finden in Wurzen – da gemeinsames Schutzgebiet – wichtige Verhandlungen beider wettinischen Linien statt, auch zu Fragen der Reformation des Kirchenwesens. Als der Wurzener Rat den Kurfürsten um einen evangelischen Prediger bittet, schickt dieser im September 1539 Johann Hoffmann an die Wenzelskirche. Weiterhin wird dort in herkömmlicher Weise die Messe von Altaristen gelesen, die zumeist Vikarien und Landpfarrstellen am Dom innehaben. Die Domherren bemühen sich, die Gemeindeglieder der Stadtgemeinde für den Gottesdienst im Dom zu gewinnen, wo die Kommunion unter einer Gestalt ausgeteilt wird. Es gibt Verwirrung in der Stadt. Der Bischof versucht vergebens, die Stadtschule schließen zu lassen, um das Vorrecht der Domschule zu untermauern. Im folgenden Jahr kommt es zu reformatorischen Veränderungen in zahlreichen Landgemeinden des Stiftsgebietes, die evangelische Prediger fordern.

Einschneidende Veränderungen gibt es nach der Wurzener Fehde im März 1542. Der Kurfürst hatte ohne Absprache mit Herzog Moritz die Türkensteuer, eine Reichssteuer, für sich beansprucht. Nachdem der Kurfürst von Torgau aus Stadt und Schloss besetzt hatte, konnten in letzter Minute durch die Vermittlung des Landgrafen Philipp von Hessen harte kriegerische Auseinandersetzungen vermieden werden. Zur Beilegung des Streites schreibt Luther am 7. April an den Kurfürsten und an den Herzog. Der Vertrag vom 10. April bestätigt das gemeinsame Schutzrecht.

In diesem Brief ermahnt Luther die beiden Herrscher an ihre vorrangige Pflicht, sich für den Frieden einzusetzen. Er schlägt den Weg der Verhandlung vor, ebenso ein Schiedsgericht als eine unabhängige, rechtsförmige Instanz der Vermittlung. Luther bekräftigt die vorrangige Entscheidung für den Frieden und setzt auf Prävention, Verhandlungen und rechtsförmige Lösungen. Sollte eine gütliche Einigung nicht zustande kommen, hält er auch Gehorsamsverweigerung für denkbar.[77] Dieser Brief Luthers ist maßgeblich für den Leitgedanken des gerechten Friedens in der Friedensdenkschrift des Rates der Evangelischen Kirche in Deutschland „Aus Gottes Frieden leben – für gerechten Frieden sorgen" (2007).

Das Stiftsgebiet um Stolpen und Bischofswerda

Die Herrschaft Stolpen, zu der auch Bischofswerda *(insula episcopi)* gehört, untersteht seit 1227 unangefochten als eigener landesherrlicher Besitz den Bischöfen von Meißen. Sie haben die volle Gerichtsbarkeit und residieren hier, zuzeiten alternierend mit Wurzen. Deshalb wird Stolpen auch in Briefen der Reformatoren erwähnt. Seit 1539 ziehen sich die Meißner Bischöfe für ständig nach Stolpen zurück. Der letzte Bischof geht dann nach Mügeln.

Als der Mönch Johann Pfennig aus dem Kloster St. Afra in Meißen erst nach Weimar und dann nach Böhmen geflohen war, lässt ihn Johann VI. von Salhausen zurückbringen und in das Gefängnis in Wurzen, dann in Stolpen werfen, wo er elend stirbt. In Stolpen soll auch die Sicherheit für die Gebeine Bischof Bennos nach der Zerstörung dessen Grabmals im Meißner Dom gewährleistet sein. Sie werden zunächst nach Wurzen, dann nach Stolpen und schließlich nach München gebracht.

Im unmittelbaren Herrschaftsgebiet des Bischofs[78] ist nicht zu erwarten, dass reformatorische Gedanken sich regen können oder geduldet werden. Die Festigung der Reformation im albertinischen Sachsen unter Herzog Moritz ist die Voraussetzung dafür, dass der Herzog 1545 meint untersagen zu können, dass seinen Untertanen in der Stolpener Pflege das Sakrament unter einer Gestalt gereicht wird oder sie abgehalten werden, die „christliche (d. h. lutherische) Lehre" anzunehmen. Dagegen protestiert Bischof Johann VII. von Maltitz am 26. Januar 1545 mit dem Hinweis, dass er dem Herzog die Jagd und den Holzkauf auf den stiftischen Hölzern im Amt Stolpen nur unter der Bedingung eingeräumt habe, dass der Herzog ihm in seinem Regiment oder Religion im Amt Stolpen „keinen Eintrag [Beeinträchtigung] tue".[79]

Am 19. Januar 1559 überträgt Bischof Johann IX. von Haugwitz gezwungenermaßen das Amt und das Schloss Stolpen dem Kurfürsten und erhält im Gegenzug die Stadt und das Kloster Mühlberg an der Elbe. Mit diesem Vertrag kommen auch die Orte Beiersdorf, Bischdorf, Bischofswerda, Göda, Großdrebnitz, Großharthau, Putzkau, Spremberg, Steinigtwolmsdorf und Wilthen an Kursachsen und werden evangelisch.

Bereits am 29. Dezember 1558 wird in Bischofswerda die erste evangelische Predigt gehalten. Im Januar 1559 werden der Pfarrer und der Diakonus in Stolpen eingeführt. Am 4. Januar richtet die Visitationskommission mit dem Dresdener Superintendenten Daniel Greser, dem Pirnaer Superintendenten Anton Lauterbach, der in Stolpen geboren war, sowie mit dem kurfürstlichen Rat Hans Christoph von Bernstein die Superintendentur Bischofswerda ein, um dem kurfürstlichen Einfluss auf die Lausitzen Nachdruck zu geben. Sie besteht bis 1878.

Mügeln und Sornzig

Seit dem 11. Jahrhundert gehört der Ort *Mügeln* den Meißner Bischöfen. Allerdings hatten die Markgrafen von Meißen die Gerichtsherrschaft inne oder verliehen sie hohen Adligen. Der Bau der Johannes dem Täufer geweihten Kirche wird mit Bischof Heinrich I. von Meißen in Verbindung gebracht. 1502 bildet sich die Bruderschaft Corporis Christi mit einem eigenen Altar. Der Beginn der Reformation ist nach 1539 anzusetzen. Die erste evangelische Predigt hält am Pfingstmontag 1542 der Diakonus Wolf Walber. Am Osterdienstag 1571 wird die heute noch bestehende Kantoreigesellschaft, darunter möglicherweise auch Angehörige der aufgelösten Bruderschaft, gegründet und vom vorerst letzten Meißner Bischof, Johann IX. von Haugwitz, bestätigt. Der Kantoreigesellschaft ist eine bedeutende Sammlung von handschriftlichen und gedruckten Musikalien des 16. bis frühen 19. Jahrhunderts zu verdanken.[80] Sie dokumentieren eine erstaunlich vielgestaltige Musikpflege unter teils beschränkten Möglichkeiten und zeigen den Reichtum der mit der Reformation beginnenden kirchlichen Musikpflege.

Das nahe gelegene bischöfliche Schloss auf einem Grundstück, das Kaiserin Agnes 1063 dem Stift Meißen schenkte, diente den Meißner Bischöfen als zeitweilige Residenz. Sie sorgten für den Ausbau, zuletzt 1572 Johann IX. von Haugwitz, der auf Schloss Ruhetal bis zu seinem Tod im Jahr 1595 lebte.

Das benachbarte *Kloster Marienthal in Sornzig* wurde 1241 von Siegfried III. von Mügeln gestiftet und später durch weitere Stifter reich ausgestattet. Die Zisterzienserinnen führten den Obstbau ein, der seither die Gegend bestimmt. Bei einer Visitation 1464 bemängelt der Meißner Bischof Dietrich von Schönberg das Tragen von weltlicher Kleidung und Schmuck und das Halten großer und kleiner Hunde.

Im April 1523 flüchten sechs Nonnen. Der Fluchthelfer aus Waldheim, Heinrich Kelner, wird geköpft und gepfählt. 1539 verlassen einige Nonnen das Kloster, andere suchen Zuflucht bei den Benediktinerinnen in Riesa und Meißen. Herzog Moritz überweist 1544 die Einkünfte des Klosters der von ihm gegründeten Fürstenschule in Meißen. Im Austausch gegen das Amt Mühlberg erhält Bischof Johann IX. von Haugwitz im Jahr 1570 das Kloster Sornzig, das bei ihm bis zu seinem Tod verbleibt und dann verpachtet wird. 1609 überschreibt Kurfürst Christian II. das Anwesen seiner verwitweten Mutter Kurfürstin Sophie. Heute ist es eine Europäische Begegnungs- und Bildungsstätte.

Die Oberlausitz

Bautzen

Bautzen war die Hauptstadt des Sechsstädtebundes, unterstand der geistlichen Jurisdiktion der Meißner Bischöfe und fiel mit der Oberlausitz im Jahr 1526 wieder unter habsburgische Herrschaft. Der Unmut über Missstände in der Kirche und im Leben der Kleriker nimmt in Bautzen seit 1520 deutlichere Formen an.[81] Paul Kosel, Vikar am Domstift St. Petri, verbreitet wohl schon nach 1523 reformatorische Gedanken, so dass der Boden bereitet ist, als Michael Arnold als evangelischer Prediger von Görlitz nach Bautzen kommt und 1525 vom Rat angestellt wird. Er muss aber schon im Jahr darauf seine Stelle wegen zu scharfer Predigten aufgeben.

Der Rat von Bautzen hält sich im Sinne der meisten Bürger und der Einwohner der zugehörigen Ortschaften zur lutherischen Konfession. Das Domkapitel hingegen bemüht sich, die Ausbreitung des evangelischen Glaubens einzudämmen, und erhält Unterstützung durch König Ferdinand I. von Böhmen. Er schützt das Domkapitel, dem bald die führende Rolle bei der Bewahrung des Katholizismus in der Oberlausitz zukommt. In Bautzen ist indes der Dekan des Domkapitels, M. Paul Küchler, für kirchliche Reformen aufgeschlossen und begünstigt zeitweilig die reformatorischen Bestrebungen. Er bezieht regelmäßig die neuesten Schriften aus Wittenberg und spendet im Dom das Abendmahl unter beiden Gestalten. So kann im November 1543 ein Vertrag über die Kirchentrennung abgeschlossen werden. Den Evangelischen wird der größere Teil des St. Petridomes zu begrenzten Zeiten für ihre Gottesdienste überlassen. Das Jahr 1543 kann als das wichtigste Jahr für die Konstituierung des evangelischen Kirchentums gelten, obwohl noch zahlreiche Konflikte kommen sollten. Ein weiterer Vertrag kommt 1556 zustande, in dem das Simultaneum bestätigt wird.

Abbildung rechts: Bautzen, Michaeliskirche, Gedenkstein für die sorbischen Bibelübersetzer (1983)

Konfliktreich gestalten sich auch die schulischen Verhältnisse. Die Domschule des 1221 gegründeten Domkapitels war die erste Schule in der Oberlausitz zur Ausbildung künftiger Geistlicher. Nachdem sich der größte Teil der Bautzener Bürger der Reformation angeschlossen hatte, beginnt der Rat 1526 mit dem Domkapitel Verhandlungen über eine Neuorganisation des Lehrbetriebes. Da kein Ergebnis abzusehen ist, setzt der Rat auf eigene Kosten 1527 einen wissenschaftlich gebildeten Lehrer ein, der Anhänger der lutherischen Lehre ist, und gründet somit eine eigene Schule. Der Rat wendet sich an Melanchthon mit der Bitte um weitere geeignete Lehrer. Dieser empfiehlt damals wie in der Folgezeit Schüler Luthers und eigene Schüler. Die Ratsschule erlangt die endgültige Anerkennung seitens des Landesherrn am 2. Oktober 1556.[82] Erst 1574 gestattet der Domdekan Johann Leisentritt den Schülern das Singen zu den evangelischen Gottesdiensten. 1583 wird den evangelischen Gläubigen die Errichtung einer eigenen Chorempore zugestanden.

Philipp Melanchthon ist am 25. Juni 1559 in Bautzen zu Gast und hält in der Ratsschule eine Vorlesung über Johannes den Täufer. Es wird berichtet, dass er damals einem Fürsten gleich vom Rat und von der Bürgerschaft empfangen worden sei. Der Bautzner Caspar Peucer, ab 1563 Leibarzt des Kurfürsten August, später wegen des Vorwurfs des Kryptocalvinismus angeklagt und von 1574 bis 1586 inhaftiert, hatte als Student im Haus Melanchthons gewohnt und dessen Tochter Magdalena geheiratet. Er war nach schwerer Erkrankung mit seinem Schwiegervater zur Erholung nach Bautzen gereist.[83]

Johann Leisentritt aus Olmütz wird 1559 zum Domherrn gewählt. Im Jahr darauf setzt ihn der Meißner Bischof Johann IX. von Haugwitz zum Administrator in geistlichen Sachen in beiden Lausitzen ein, um so das verbliebene katholische Kirchenwesen zu schützen und eine Einflussnahme des sächsischen Kurfürsten auf das Bautzener Domkapitel abzuwehren. Im Mai 1570 überträgt der päpstliche Nuntius Biglia mit einer Urkunde die bischöfliche Verwaltung des Bistums Meißen in den Lausitzen dem Kapitel der Bautzner Stiftsherren. Der Administrator untersteht unmittelbar dem Papst. Kaiser Maximilian und Kaiser Rudolf bestätigen die Administratur. Somit ist das Bautzner Kapitel bis zum Jahre 1921 das einzige exemte Kollegiatstift in Deutschland.[84]

Angesichts des angespannten Verhältnisses zwischen Evangelischen und Katholiken bemühte sich Leisentritt um einen Ausgleich, indem er den Besitzstand der katholischen Kirche zu erhalten sucht und andererseits die evangelischen Gemeinden nicht antastet. Da das Domkapitel katholisch bleibt, übernimmt der Rat der Stadt die juristische Vertretung und die administrative Verwaltung des evangelischen Kirchenwesens.

Leisentritt wird seiner Kompromissbereitschaft wegen von leidenschaftlichen Katholiken heftig getadelt. Erst 1596 darf die evangelische Gemeinde im Petridom eigene Abendmahlsfeiern abhalten und dazu einen Altar im Südschiff errichten. Da man ihr das Taufrecht verweigert, müssen die Evangelischen ihre Kinder von den Priestern des Kapitels im Chorraum taufen lassen. Sie versuchen 1597 das Taufrecht durch Aufstellen eines eigenen Taufsteins durchzusetzen. Erst zwei Jahre später wird die evangelische Taufe vor dem evangelischen Altar nur unter der Voraussetzung erlaubt, dass der bewegliche Taufstein nach dem Abschluss der Taufe wieder aus der Kirche entfernt wird.[85]

Die größte Verbreitung unter Leisentritts literarischen Schriften findet das von ihm mit 263 lateinischen und deutschen Liedern herausgegebene Gesangbuch, um die Gefahr einzudämmen, dass Katholiken reformatorische Lieder singen und lutherische Gesangbücher benutzen. 71 Lieder beruhen mit Umdichtungen und einschneidenden Veränderungen auf protestantischen Quellen als Textvorlagen.[86] Damit gewährt Leisentritt in seinem kirchlichen Gebiet für die deutsche Sprache und für das deutsche Kirchenlied einen Freiraum[87] als „Sekundärfolge" der Reformation. Er ging erste Schritte eines erst Jahre später langsam aufkeimenden Ökumenismus, der statt der Abgrenzung eine Öffnung der Konfessionen für ihre jeweiligen geistlichen Schätze befördert.

An der St. Nikolaikirche gibt es für die Sorben seit 1527 einen evangelischen Prediger. Erst 1619 geben die böhmischen Direktoren dem Rat die Erlaubnis, den Sorben die St. Michaeliskirche für ihre Gottesdienste zur Verfügung zu stellen. Damit entsteht die Kirchgemeinde St. Michael als zweite evangelische Gemeinde in der Stadt. Das Domkapitels sieht darin eine Beeinträchtigung seiner angestammten Rechte.[88]

Löbau

Für Löbau sind die Nachrichten über die reformatorischen Anfänge lückenhaft. Ab 1522 oder 1523 bis 1528 predigt Nikolaus von Glaubitz in reformatorischer Gesinnung. Er stammt aus einer schlesischen Adelsfamilie und muss nach seiner Heirat Löbau verlassen.

Möglicherweise gibt es danach einen weiteren protestantischen Pfarrer. In den Jahren 1536 bis 1538 folgt der katholische Pfarrer Johann Haugwitz. Für seinen lutherischen Nachfolger, der 1540 auf Anordnung König Ferdinands I. abgesetzt wird, setzt der Rat wieder einen lutherischen Geistlichen ein. Seitdem sind kontinuierlich lutherische Pfarrer und lutherische Rektoren der Stadtschule in Löbau tätig und prägen den evangelischen Charakter der Stadt.[89]

Nachdem die meisten Franziskaner das Kloster verlassen hatten und der letzte Mönch 1563 gestorben war, gibt Maximilian II. auf die Bitte des Rates von 1564, das Kloster zu Schulzwecken zu erhalten, im folgenden Jahr seine Zustimmung. Allerdings muss infolge der Pest und der Verarmung der Stadt die Schule später geschlossen werden.

Vordem hatten die Oberlausitzer Stände eine höhere Schule für sorbischsprachige Schüler für Löbau und die gesamte Region angestrebt und wurden dabei von der Stadt Löbau unterstützt. Der Kaiser sagt die erbetene finanzielle Hilfe zu. Mit dem Stadtbrand 1570 werden diese Pläne zunichte. Ab den 60er Jahren steht die Klosterkirche St. Johannis für sorbische Gottesdienste zur Verfügung. Der Schulmeister, den die Altlöbauer und Oelsaer ab 1716 für vermutlich zweisprachigen Unterricht zu unterhalten haben, hat zugleich den Sängerdienst in der wendischen Kirche zu verrichten.[90]

Kamenz

Das Kloster St. Marienstern verfügt in Kamenz über das Patronatsrecht. Der Bürgermeister und der Rat unterdrücken reformatorische Bestrebungen. Deshalb kommt man in Häusern zu Gottesdiensten zusammen, die der Stadtrichter Andreas Polkner hält. Dieser Jurist wird zum Begründer der evangelischen Gemeinde. Ostern 1527 hält der Kaplan Johann Ludwig in der Stadtkirche St. Marien den ersten evangelischen Gottesdienst. Der Rat und der Bürgermeister geben ihre anfänglichen Vorbehalte gegen eine Reformation auf. Daher wirken neben dem katholischen Pfarrer nacheinander mehrere evangelische Prediger, die aber, wenn sie heiraten, die Stadt verlassen müssen.[91] 1537 erwirkt der Rat in einem Vergleich mit dem Kloster das Recht, einen evangelischen Prediger zu berufen. Auch in den folgenden Jahren kommt es über die Besetzung der Pfarrstelle zu Konflikten mit dem Kloster. Seit 1543 amtieren außerdem zwei Diakone nebeneinander. Einer von ihnen ist ausdrücklich den Sorben zugeordnet, die 1565 die Klosterkirche St. Anna der Franziskaner zur Verfügung erhalten. Im Jahr 1562 geht das Patronatsrecht vollkommen an den Rat der Stadt über, so dass die Einführung der Reformation endgültig wird.[92]

Zittau

Die Stadt gehört wie das Zisterzienserinnenkloster St. Marienthal und das Cölestinerkloster auf dem Oybin zum Erzbistum Prag. Das Patronat über die Pfarrkirche St. Johannes liegt in den Händen des Komturs des Johanniterordens. Es geht nach dem Tod des letzten Komturs durch einen Vertrag 1540 an den Rat der Stadt.[93] Damit kommt eine Bewegung zum Abschluss, die bereits 1521 an der Johanniskirche mit dem evangelischen Prediger Lorenz Heydenreich begonnen hatte, der aus einer Zittauer Familie stammt und hier und in Zwickau die Lateinschule besucht hat. Heydenreich war unter dem Eindruck der Leipziger Disputation Luthers der „erste Herold der himmlischen Wahrheit in der Lausitz" geworden. Er befördert Schritt für Schritt den Ausbau evangelischer Kirchlichkeit. 1527 wird die Fronleichnamsprozession aufgegeben. Im gleichen Jahr veranlasst Heydenreich den Rat, einen „Gemeinen Gotteskasten" einzurichten. Der Komtur hütet sich, Heydenreich zu verfolgen, aber die Predigten, die dieser nur nachmittags halten darf, versucht er zu stören. Heydenreich muss 1530 die Stadt verlassen, da er heiratet. Er kehrt aber

1545 an seine einstige Wirkungsstätte zurück und vollendet bis 1557 die Einführung der Reformation in Zittau.

Der Rat beruft 1533 auf Empfehlung Melanchthons Conrad Nesen als Syndikus. Dieser wird später Bürgermeister und holt Andreas Maskus, einen Schüler Melanchthons, als Rektor der Schule nach Zittau. Ebenfalls aus Wittenberg kommt der 20-jährige Schüler Melanchthons und Luthers, Nikolaus Dornspach, der später Ratsmitglied und Bürgermeister wird. Sein Ziel, die Schule zu einem Gymnasium umzugestalten, wird erst 1586 erreicht. Das Gymnasium erlangt später Berühmtheit durch seinen Rektor Christian Weiße, dessen Dichtungen und Schulkomödien hochgeschätzt werden.

Görlitz

In Görlitz war Johannes Tetzel vom 21. Dezember 1508 bis zum 26. September 1509 als Ablassprediger aufgetreten. Der Ertrag war so gut, dass ihm nach seinen Worten die in Görlitz erfahrene „Wohltat und Gutwilligkeit nächst Köln am Rhein in deutscher Nation das Beste getan hatte."[94] Dies hat später zur Folge, dass in Görlitz schon bald Luthers Kampf gegen den Ablass und für eine evangelische Erneuerung des Glaubens spontane Zustimmung findet, andererseits Teile des Rates und der Bevölkerung weiterhin dem alten katholischen Glauben zugetan sind.

Als 1520 die Stelle des Stadtpfarrers neu zu besetzen ist, entscheidet sich der Rat für den gebürtigen Görlitzer Franz Rotbart. Er beginnt 1521 evangelisch zu predigen. Der Rat drängt auf Mäßigung. 1523 verlässt Rotbart die Stadt. Jedoch die Mehrheit der Einwohner, vor allem der Handwerker, sympathisiert mit der Reformation, so dass Rotbart 1524 vom Rat zurückgerufen wird. Der Rat muss nun zwischen den reformatorisch und altgläubig Gesinnten lavieren.

In der Osterzeit 1525 beginnt Rotbart, alte Gottesdienstbräuche und Fastenanordnungen als nicht dem Evangelium entsprechend abzuschaffen, das Abendmahl unter beiderlei Gestalt auszuspenden und die Taufe in deutscher Sprache zu vollziehen. In diesem Jahr entscheidet sich die Stadt für die lutherische Lehre, wenn auch manche weiterhin am alten

Görlitz, Nikolaikirche, Südportal (1517)

Glauben festhalten. Im April verweigern die den Erzpriestern von Görlitz, Reichenbach und Seidenberg unterstehenden Pfarrer auf dem Görlitzer „Priesterconvent" die Abgaben an den Meißner Bischof und die Anerkennung seiner Gerichtsbarkeit.

1525 wird als ein Gerücht bekannt, dass Herzog Georg Rotbart insgeheim zu entführen beabsichtige. Fortan bewachen ihn Tuchmacher mit Gewehren auf dem Nikolaikirchhof. In Görlitz folgt man weder dem scharfen Befehl des böhmischen Landesherrn im Jahre 1528, Rotbart abzusetzen (obwohl einige im Rat sich dafür aussprechen), noch dem Gebot des Meißner Bischofs, das Abendmahl nicht unter beiderlei Gestalt zu feiern.[95] Da Rotbart sich verheiratet, entlässt ihn der Rat 1530. Dafür werden die Görlitzer von Melanchthon heftig getadelt, der mit Bewohnern der Stadt im Briefwechsel steht.[96] Rotbart ist der Reformator von Görlitz.

Als die Zahl der Mönche sich verringert und die Zuwendungen der Bevölkerung für das Franziskanerkloster rapide sinken, muss 1564 das Kloster aufgegeben werden. Es wird im Jahr darauf der Stadt mit der Bestimmung übereignet, ein Gymnasium in den Gebäuden der alten Klosterschule einzurichten, das Augustum (jetzt Augustum-Annen-Gymnasium).

Die weiter andauernden Auseinandersetzungen zwischen Reformation und Gegenreformation spiegeln sich später wider in den religionsphilosophischen Schriften des berühmtesten Sohnes der Stadt, Jacob Böhme (1575–1624). Sie sind ohne eine genaue Kenntnis der Bibelübersetzung Luthers nicht zu verstehen und repräsentieren den Höhe- und Endpunkt eines aus der Reformation Luthers gewachsenen prophetisch-mystischen Seitenstrangs.

Mit dem Friedensschluss zu Prag am 30. Mai 1635 kommt Görlitz mit der Oberlausitz zum Kurfürstentum Sachsen. 1815 muss das Königreich Sachsen den nordöstlichen Teil der Oberlausitz mit den Kreisen Hoyerswerda, Rothenburg, Görlitz und Lauban an die preußische Provinz Schlesien abtreten. Die Stadt gehörte sodann zur Preußischen Kirchenprovinz Schlesien.

1945 wurden die Kirchenleitung der Kirchenprovinz Schlesien und die Provinzialsynode neu gebildet. Nachdem die neue Kirchenleitung Ende 1946 aus Breslau ausgewiesen worden war, entschied sich 1950 die Provinzialsynode trotz des Verlustes von etwa 90 Prozent ihres Territoriums für das Fortbestehen einer „Evangelischen Kirche von Schlesien". Aufgrund staatlichen Einspruchs erfolgte 1968 die Umbenennung in „Evangelische Kirche des Görlitzer Kirchengebietes". Nach der Wende konnte die Geschichte dieser Region mit dem Namen „Evangelische Kirche der Schlesischen Oberlausitz" wieder verdeutlicht werden. Seit dem 1. Januar 2004 gehört sie zur „Evangelischen Kirche Berlin-Brandenburg–Schlesische Oberlausitz".

Hoyerswerda

Die Einführung der Reformation in Hoyerswerda vollzieht sich am 24. Juni 1540 mit dem Wechsel im Pfarramt an der St. Johanniskirche. Die Patronatsherren, die Herren von Schönburg aus Hoyerswerda, sind der Reformation zugetan und bestellen als Pfarrer den ehemaligen Mönch Basilius Laurentius (Lorenz). Er hat deutsch und sorbisch zu predigen. Aus Hoyerswerda gehen von 1542 bis 1572 elf evangelische Theologen hervor.[97]

Prägungen der Reformation für Sachsen und deren weitere Ausstrahlung

Die Reformation brachte in der Rückbesinnung auf die Bibel ein neues Verständnis des christlichen Glaubens hervor und entfaltete ein spezifisches Menschenbild von Freiheit und Bindung, Individualität und Gemeinsinn. Die Reformation führte zunächst ungewollt und dann bewusst zu einer neuen Kirchenorganisation und prägte in umfassender Weise andere Lebensbereiche. Sie beförderte längst vorbereitete Entwicklungen im gesamten gesellschaftlichen Leben, in Wirtschaft, Kultur, Politik, Sozialwesen und Bildung. Sie öffnete Wege zu lang wirkenden neuen Gestaltungen. Die Reformation wurde in Deutschland und Europa zu einem Zündfunken für die Emanzipation des Bürgertums. Sie erlangte von Europa ausgehend weltweite Bedeutung und Prägekraft.[98]

Ohne auf die Bedeutung der Reformation für die Frömmigkeit, für die Theologie und Kirche ausführlich eingehen zu können, sind einige Auswirkungen exemplarisch zu erwähnen:

Deutsche Sprache

Die Bibelübersetzung Martin Luthers, das bedeutendste deutsche Sprachdokument, hat im Jahrhundert der Reformation dazu beigetragen, dass die „Meißnische Kanzleisprache" zur Schrift- und Hochsprache aller Deutschen wurde. Sie entwickelte sich aus einer Abschleifung der nieder-, mittel- und oberdeutschen Mundart, da im obersächsischen Raum während der Kolonisation Siedler aus den Niederlanden, Oberfranken und Thüringen eingewandert waren. Die Meißnische Kanzleisprache wurde durch die sprachschöpferische Bibelübersetzung Martin Luthers zum Kristallisationspunkt deutscher Sprachkultur.

Entstehung des vereinheitlichten Territorialstaates Sachsen

Im Lauf der Neugestaltung und Umorganisation durch die Reformation und infolge der religionspolitischen und kriegerischen Auseinandersetzungen im Reich entstand nach 1547 unter Kurfürst Moritz ein geschlosseneres Gebilde eines sächsischen Territorialstaates, der nach dem Regierungsantritt des Herzogs Moritz im Jahre 1541 (Kurfürst ab 1547) und später unter seinem Bruder Kurfürst August in den Jahren 1553 bis 1586 eine Neuordnung durch eine weiterentwickelte effektive Verwaltung erhielt.[99] Diese hatte in ihren Grundzügen bis in das 19. Jahrhundert Bestand.

Zugleich entstand mit dem Ende der Wirkungsmöglichkeiten des Bischofs von Meißen nach 1581 ein konfessionell homogenes, durch die lutherische Reformation geprägtes Gebiet, das bis 1815 unverändert blieb. Infolge der auferlegten Gebietsabtretungen an Preußen kam es zu einer Neuordnung, so dass nunmehr das Gebiet des Freistaates Sachsen im Wesentlichen mit dem Gebiet der Evangelisch-Lutherischen Landeskirche Sachsens identisch ist, zu dem einzelne Regionen und Orte hinzukommen, die der Evangelischen Kirche in Mitteldeutschland und der Evangelischen Kirche in Berlin-Brandenburg – Schlesische Oberlausitz angehören.

Sachsen als Führungsmacht im Deutschen Reich

Durch die Reformation wurde Sachsen zur protestantischen Führungsmacht im Deutschen Reich. Moritz von Sachsen und seine Räte gehörten zu den entscheidenden Wegbereitern des Augsburger Religionsfriedens von 1555. Dieses Vertragswerk ist dadurch zukunftsweisend, dass es mit dem Ziel einer stabilen Konvivenz verschiedener Konfessionen auf die Erörterung des Wahrheitsgehalt der jeweiligen konfessionellen Prägung verzichtet und zugleich den Anhängern unterschiedlicher religiöser Bekenntnisse die Rechtssicherheit zugesteht, ihr Leben entsprechend der von ihnen anerkannten Wahrheit zu leben.

Dieses Friedensinstrument, das nach dem verheerenden Dreißigjährigen Krieg zum Ausgangspunkt des Westfälischen Friedens wurde, ersparte

Deutschland zunächst solche grausamen Religionskriege, wie sie Frankreich und die Niederlande in der 2. Hälfte des 16. Jahrhunderts erschütterten.

Im Felde der deutschen und europäischen Politik waren Kursachsen und das Haus Habsburg die Garantiemächte des Augsburger Religionsfriedens. Die lange Friedenszeit bis 1618 war gedeihlich für Land und Bevölkerung.[100]

Kursachsen übernahm zunehmend die Initiative in dem Bemühen, eine Konkordie zwischen den unterschiedlichen reformatorischen Strömungen in den Richtungskämpfen unter lutherischen Theologen nach Luthers Tod herbeizuführen. Die Konkordienformel und das Konkordienbuch als Zusammenstellung der altkirchlichen und lutherischen Bekenntnisse wurden wichtige Dokumente der Verständigung zwischen lutherischen Theologen. Das Konkordienbuch wurde 1580 zum 50-jährigen Jubiläum der Augsburgischen Konfession in Dresden gedruckt.

Der Dresdner Hof galt als einer der angesehensten Höfe Deutschlands und Dresden als die bedeutendste Residenzstadt im lutherischen Deutschland. Diese herausragende Stellung gründete sich auch auf die Bedeutung des Dresdner Oberkonsistoriums und der Dresdner Hofprediger bzw. Oberhofprediger, denen die Klarheit und die verbindende Kraft des evangelischen Glaubens am Herzen lagen. Sie beeinflussten die kursächsische Religions- und Kirchenpolitik im Blick auf das Reich und auf das eigene Kurfürstentum. Das hielt sie nicht davon ab, deutliche Kritik gegenüber dem Hof und den Kurfürsten zu äußern, beispielsweise hinsichtlich der Verschwendung und Jagdleidenschaft, die Arme schädigte und die Armut im Land steigerte. Ihrer Vorhaltungen wegen mussten die Hofprediger Nikolaus Selnecker (1558–65), der Dichter des Liedes „Lass mich dein sein und bleiben", und Philipp Jacob Spener (1686–1691), der Begründer des Pietismus, ihren Dienst aufgeben.[101]

Für die Wahrung der Rechte der Evangelischen im Deutschen Reich setzten sich Kursachsen und die kursächsischen Räte beim Reichstag zu Regensburg mit Nachdruck ein. Kursachsen oblag ab 1653 die Führung des *corpus evangelicorum* zur ständigen politischen Vertretung der evangelischen Reichsstände in Glaubenssachen. Nach der Konversion des sächsischen Kurfürstenhauses behielt Sachsen trotz der Interventionen Kurbrandenburgs den Vorsitz des *corpus evangelicorum* bis zur Auflösung des ständigen Reichstages im Jahre 1806.

Soziale Verantwortung und Sozialwesen

Das Sozialwesen, insbesondere die Armenfürsorge in den Städten, erhielt durch die Reformation kräftige neue Impulse. Anstatt des Angewiesenseins auf Almosen und zur Eindämmung des Bettelwesens wurde eine allen Bedürftigen zustehende Grundunterstützung organisiert. Die Umwandlung von Altarstiftungen in Armenstiftungen verdeutlicht die neue Akzentuierung des Zusammenhanges der Liebe zu Gott mit der Liebe zum Nächsten. Auch eine angemessene Förderung des nicht so kapitalkräftigen Mittelstandes kam in den Blick. Die Verantwortung des Einzelnen für Hilfsbedürftige wurde von der Verantwortung um das eigene Seelenheil abgekoppelt und der Mitverantwortung für das Gemeinwohl zugeordnet. Für eine sachgemäße und zweckfreie, also von Nebenabsichten gereinigte Zuwendung zum Mitmenschen war der Weg gebahnt.

Bildung und Schulwesen

Das Schulwesen und die Bildung insgesamt erhielten durch die Reformation langfristig kräftigen Auftrieb. Luther setzte sich im Vorwort zur „Leisniger Kastenordnung" und in seiner Schrift „An die Ratsherren aller Städte deutschen Lands, dass sie christliche Schulen aufrichten und halten sollen" (1524) für die Notwendigkeit einer umfassenden und verbesserten Bildung für alle ein. Gemeinsam mit den anderen Reformatoren gab er wichtige Kriterien und Maßstäbe für die regelmäßigen Visitationen zur Bestandsaufnahme und Regelung der kirchlichen und schulischen Angelegenheiten an die Hand, zur Organisation der Schulen und der Besoldung der Lehrer sowie zur Gewinnung geeigneter Lehrkräfte. Der auf die Schulen in den Städten und Dörfern bezogene 18. Artikel im „Unterricht der Visitatoren an die Pfarrherrn im Kurfürstentum Sachsen", 1528 von Melanchthon verfasst, erhielt später die Bezeichnung „Sächsischer Schulplan".[102] Es wurden Stipendiatenordnungen entwickelt. Die Städte erhielten verbindliche Stipendiatenstellen zunächst für das Studium in Wittenberg, später auch in Leipzig.

Mit der Landesordnung vom 21. Mai 1543 begründete Herzog Moritz unter Verwendung von Gütern aufgelöster Stifter und Klöster drei neue Schulen einschließlich der Stipendien für die Schüler. Sie sollten umfassend für das Studium vorbereitet werden, um dereinst als Gelehrte für das Land und die Kirche tätig werden zu können. So entstanden 1543 die später so genannten „Fürstenschulen" in Meißen und (Schul)Pforta, 1550 folgte Grimma.[103]

Die Lehens- und Patronatsherren wurden verpflichtet, allerorten für den baulich guten Zustand der Lehrerwohnungen und Schulhäuser zu sorgen. Zu den mancherorts bestehenden Lateinschulen in den Städten wurden allgemeine Schulen und Schulen für Mädchen neu eingerichtet. Zur Hebung des Bildungsniveaus entstand in den ländlichen Regionen das Kirchschulwesen. Es galt, geeignete Lehrer zu finden. Seit 1557 wurden auch die Dorfküster als Dorfschulmeister zur Elementarunterweisung auf den Dörfern herangezogen.

Die Visitationen nach 1574, von Kurfürst August im gesamten albertinischen Sachsen gefördert, befestigten das gesamte Bildungswesen in den Dörfern, Städten und an den Universitäten Leipzig und Wittenberg. Um 1580 bestanden in ungefähr zwei Dritteln der sächsischen Ortschaften Elementarschulen. Am 1. Januar 1580 erließ Kurfürst August die Kirchen- und Schulordnung. Sie bildete mit Veränderungen bis 1835 die Grundlage der Entwicklung des sächsischen Volksschulwesens.

Die *Neugestaltung der Leipziger Universität* zu einer reformatorisch- humanistischen Universität war ein langwieriger Prozess. Einzelne Gebäude des Dominikanerklosters[104] wurden zu Universitätsgebäuden, die Klosterkirche zur Universitätskirche umgestaltet. Aus den Bibliotheken der einzelnen Fakultäten entstand die Universitätsbibliothek.

Zu einer Neuordnung der Fakultäten kam es 1542 unter Herzog Moritz mit einer „Neuen Fundation der Universität", ausgehend vom evangelischen Bekenntnis zur rechten Lehre des Wortes und geleitet von der Sorge um die Wohlfahrt des Landes.

Nach dem Übergang der Kurwürde an die Albertiner im Jahre 1547 unterstand auch die Universität Wittenberg (1817 mit Halle vereinigt) den albertinischen Kurfürsten Sachsens. Die Geschicke beider Universitäten wurden somit von Dresden aus gelenkt. Die Heranbildung einer wissenschaftlichen, theologischen und juristischen Elite einerseits für Sachsen, andererseits auch für Spitzenpositionen in anderen deutschen Territorien und europäischen Ländern war von einer politischen, religionspolitischen und wissenschaftlichen Ausstrahlung sondergleichen.

Durch die Jahrhunderte kam in diesem Zusammenhang der Leipziger Theologischen Fakultät eine besondere Bedeutung zu. Sie erblühte im 19. Jahrhundert zu einem Zentrum der theologischen Neubesinnung auf das Erbe Luthers und der Reformation. Die 1883 begonnene, in Weimar erschienene kritische Gesamtausgabe der Werke Martin Luthers[105] ist wesentlich von Leipziger Reformationshistorikern geprägt worden. Das traditionelle Profil des Instituts für Kirchengeschichte der Theologischen Fakultät als Zentrum der Lutherforschung wird bis heute mit internationaler Beachtung weitergeführt, insbesondere seit 1919 durch die Herausgabe der inzwischen 74 Bände des Lutherjahrbuchs und durch die jüngsten Neueditionen der Werke Luthers für Lehre und Forschung.

Die Künste

Der *Kirchenbau* erhielt durch die Reformation neuen Aufschwung. Vollendet wurden die charakteristischen spätgotischen sächsischen Hallenkirchen in Schneeberg (1540), Pirna (1546) und Marienberg (1564). 1544 predigte Luther zur Weihe der Schlosskirche zu Torgau. Im Dresdner Schloss wurde eine neue Schlosskapelle für den lutherischen Gottesdienst gebaut. In der Augustusburg, die seit dem Übergang der Kurwürde an die Albertiner als „Triumphbogen" des albertinischen Sachsens[106] gilt, zeigt das Altarbild von Lucas Cranach dem Jüngeren eine Darstellung des evangelischen Glaubensverständnisses.

Die nunmehr für den evangelischen Gottesdienst bestimmten Kirchen erhielten ihr besonderes Gepräge durch schlichte Festlichkeit und den Einbau von Gestühl und Emporen, speziell durch die programmatische

Zuordnung von Taufstein, Altar, Kanzel und Orgel, die sich in der Barockzeit fortsetzte und dann in der Frauenkirche zu Dresden ihren epochalen Höhepunkt erreichte, der in den sächsischen Kirchenbauten des Klassizismus, des Historismus und des Jugendstils nachklingt.

Der Gang der Reformation führte in Sachsen – im Unterschied zu einigen anderen Regionen Deutschlands – nicht zu einem flächendeckenden Bildersturm. Nur selten kam es zur Vernichtung von Kunstwerken, beispielsweise von Heiligenbildern, gegen deren missbräuchliche Verehrung sich die Reformatoren ausgesprochen hatten.[107] Luther hat aus pädagogischen Gründen die Bilder hochgeschätzt und regte an, das Leben Jesu in Bildern zu malen und gut sichtbar an Altären das Abendmahl bildhaft vor Augen zu stellen. Neue Bilder, vor allem der beiden Cranachs und ihrer Werkstätten, verbreiteten die geistlichen Anliegen der Reformation.

Die gotischen Abendmahlsgeräte, die weiterhin im Gebrauch waren, blieben erhalten. Sie fielen selten – wie andernorts in der Barockzeit oder im Klassizismus – Umarbeitungen zum Opfer.[108] Seit der Einführung des evangelischen Gottesdienstes entstanden kostbare, oft mit einem theologischen Bildprogramm kunstvoll verzierte Weinkannen. Sie wurden im Auftrag der Gemeinden oder der jeweiligen Patronatsherren gefertigt, da die früher verwendeten kleinen Messkännchen für das evangelische Abendmahl, bei dem alle Kommunikaten die sakramentalen Gaben Brot und Wein empfangen, nicht geeignet sind.

Die *Musik* ist seit der Reformation in Sachsen ein Markenzeichen. Kirchenlieder und der Gemeindegesang verbreiteten die geistlichen Anliegen der Reformation. Dazu trat die figurale Kirchenmusik in den Dörfern, Städten und an den Höfen des Adels.[109] Der erste Kantor und Kapellmeister der 1548 gegründeten Hofkapelle war Johann Walter, der mit dem musikalisch hochgebildeten Martin Luther eng befreundet war und als evangelischer „Urkantor" bezeichnet wird. Mit der von ihm erlassenen „Cantorey-Ordnung" gründete Kurfürst Moritz für den evangelischen Gottesdienst am Hofe die heutige Sächsische Staatskapelle, die als eines der ältesten zugleich als das einzige Orchester der Welt gilt, das so lange ohne Unterbrechung und durch alle historische Epochen herausragend musiziert.

In den Städten, Kleinstädten und Dörfern entwickelte sich eine reiche bodenständige und anspruchsvolle Kirchenmusikpflege der Kantoreien und Kantoreigesellschaften. Der reichgestalteten Orgellandschaft kommt bis heute insbesondere durch die Orgelwerke Gottfried Silbermanns und seiner Nachfolger weltweite Geltung zu. Die Kirchenmusik prägt bis heute das kulturelle Bild Sachsens durch eine beispielhafte kirchenmusikalische Breitenarbeit der Kinderchöre, Jugendchöre und Erwachsenenchöre und durch Spitzenleistungen, unter denen das Wirken des Thomanerchors in Leipzig und des Kreuzchors in Dresden weltweite Anerkennung genießt.

Die Bedeutung der Reformation für die Sorben

Bereits wenige Jahre nach dem Beginn der Reformation wurde das sorbische Siedlungsgebiet von der lutherischen Bewegung erreicht. Im Verlauf des 16. Jahrhunderts wurden 90 Prozent der Sorben in der Ober- und in der Niederlausitz evangelisch. Einige Pfarreien im Einflussgebiet des Klosters Marienstern und des Bautzener Kollegiatstiftes blieben bei der katholischen Kirche. Eine direkte Beziehung der Sorben zu den Wittenberger Reformatoren ergab sich dadurch, dass Melanchthons Schwiegersohn Caspar Peucer aus Bautzen sorbischer Abstammung war. Die Landstände der Oberlausitz riefen junge Sorben zum Theologiestudium auf und unterstützten sie mit Darlehen. In den Jahren 1538 bis 1546 studierten in Wittenberg 40 Sorben und wurden zu Pfarrern ordiniert. Aus Wittichenau, das bis 1570 fast vollkommen evangelisch war und später rekatholisiert wurde, kamen von 1551–1567 sechs evangelische Sorben.[110]

Der lutherische Gottesdienst verschaffte mit der Hochschätzung des Gemeindegesangs und der Predigt der sorbischen Sprache eine hohe Bedeutung. Noch im Reformationsjahrhundert übersetzte Pfarrer Miklawus Jakubica 1548 das Neue Testament ins Sorbische. Als das erste sorbische Buch wurde 1574 in Bautzen ein Gesangbuch mit Katechismus gedruckt. Die erste vollständige gedruckte Bibel in sorbischer Sprache, die 1728 in Bautzen erschien, war eine Übersetzung der Lutherbibel.[111] Die dörflichen Kirchschulen, an denen zum Teil auch sorbisch unterrichtet wurde, waren die Keimzellen der Bildung. Aufs Ganze gesehen war die Entstehung des sorbischen Schrifttums und nachfolgend die Entwicklung der bürgerlichen Kultur bei den Sorben eine Wirkung der Reformation. Im 19. Jahrhundert war das Erbe Luthers in der Lausitz außerordentlich populär. In einigen Dörfern wirkten lutherische Vereine. Die Bekenntnisschriften der evangelisch-lutherischen Kirche wurden ins Sorbische übersetzt, in sorbischen Gemeinden wurden Lutherdenkmäler errichtet. Im Lutherjahr 1983 wurde vor der Michaeliskirche in Bautzen ein Gedenkstein für diejenigen aufgestellt, die sich für die Verbreitung der Bibel in sorbischer Sprache einsetzten.

Reformationsjubiläen in Sachsen

Bereits 1617, 100 Jahre nach Luthers Veröffentlichung der 95 Thesen am 31. Oktober 1517, wurde auf Anregung des Leipziger Theologen und späteren Superintendenten Polykarp Leyser d. J. (1586-1633) im gesamten Kurfürstentum Sachsen das Reformationsfest festlich begangen.[112] Kurfürst Johann Georg II. ordnete 1667 an, den Gedenktag der Reformation am 31. Oktober zu begehen. Dieser Gedenktag setzte sich in vielen Regionen Deutschlands durch und verdrängte die zuvor begangenen lokalen Gedenktage der Einführung der Reformation in diesen Territorien oder den 11. November, den Martinstag, der mancherorts als Gedenktag an Martin Luther begangen wurde.

Seit 1630 wurde auch der Gedenktag der Augsburgischen Konfession würdig gefeiert, ebenso die Erinnerung an die Einführung der Reformation in Sachsen im Jahre 1539. In den Jahren 1717, 1730 und 1739 wurden diese Gedenktage jeweils mehrere Tage lang festlich begangen, obwohl August der Starke 1697 in Baden bei Wien und später sein Sohn Friedrich August insgeheim 1712 in Bologna zum römischen Katholizismus konvertierten. Erst am 28. Oktober 1717, unmittelbar vor dem Reformationsjubiläum, gab der Kurprinz in einem Brief an seine Mutter, Kurfürstin Christian Eberhardine, seine Konversion bekannt. Die mehrtägigen Jubelfeiern erlangten eine besondere konfessionelle und politische Brisanz, ebenso die Festlichkeiten im Jahre 1755, 200 Jahre nach Abschluss des Augsburger Religionsfriedens.

Von weitreichender Bedeutung war die Reformationsfestpredigt des Dresdner Oberhofpredigers Franz Volkmar Reinhard am 31. Oktober 1800[113] in der Dresdner Sophienkirche, der Evangelischen Hofkirche. Er stellte sich der Entfremdung vom ursprünglichen Anliegen der Reformation Luthers entgegen und lenkte den Blick wieder auf die von Luther und den Reformatoren der Bibel entnommenen Zentralgedanken, dass alles, was die Christen und die Kirche von Christus empfangen, vor aller Tugend- und Morallehre den Vorrang haben muss. Er widersprach einer idealistischen Selbstverbesserung des Menschen durch aufgeklärte

Tugendhaftigkeit, da eine Wandlung des Sinnes und des daraus folgenden Tuns andauernd nur die Folge eines allein auf Christus sich gründenden Glaubens sein kann. Er leitete damit eine Rückbesinnung auf das ursprüngliche Anliegen der Reformation ein.

1817 wurde das Reformationsjubiläum vor allem in Bezug zum nationalen Gedanken gefeiert. In Dresden und Leipzig kam es aus Anlass der Jubiläumsfeierlichkeiten zum 300. Jahrestag der Augsburgischen Konfession 1830[114] zu Unruhen. Die Bevölkerung war aufgebracht, da die Stadtverwaltungen weniger Rücksicht auf das Empfinden der evangelischen Bevölkerung als auf das katholische Bekenntnis des Hofes genommen hatten. Diese Unruhen wurden zu Vorboten der revolutionären Erhebungen im September des gleichen Jahres, die sich eilends über das ganze Land ausbreiteten.

Zum 400. Geburtstag des Reformators 1883 traten deutschnationale Auffassungen im Zusammenhang der Reichseinigung von 1870/71 und des so genannten Kulturkampfes in den Vordergrund. In Sachsen zeigte sich dabei zugleich eine Zurückhaltung gegenüber der offiziell herausgestellten Verbindung von Preußentum und Luthertum. Das kirchliche Anliegen des Reformationsjubiläums wurde durch die Herausgabe des ersten gemeinsamen Gesangbuches für alle Regionen Sachsens durch das Evangelisch-Lutherische Landeskonsistorium als eine Jubiläumsgabe wirksam hervorgehoben.

Zahlreiche *Lutherdenkmäler* wurden errichtet. 1883 entstand in Dresden die Initiative zur Aufstellung eines Lutherdenkmals. Zunächst wurde ein Gipsmodell gezeigt. Zwei Jahre später konnte die in Anlehnung an das Wormser Reformationsdenkmal von Ernst Rietschel geschaffene Lutherstatue des Rietschel-Schülers Adolf Donndorf enthüllt werden. Eine Replik befindet sich seit 1908 in Kirchberg bei Zwickau auf dem Lutherplatz. Die Fotografie von dem zu Boden gestürzten Luther vor der Ruine der Frauenkirche zu Dresden ging durch die Welt. Das 1955 wieder aufgestellte Denkmal ist jetzt untrennbar mit dem Bild der wiedererstandenen Frauenkirche verbunden.

Bereits 1817 war eine Lutherbüste in der Kirche zu Boritz aufgestellt worden. 1869 wurden in Bautzen an der Mädchen-Bürgerschule Statuen

Luthers und Melanchthons errichtet. In Leipzig wurde auf dem Johannisplatz das Reformatorendenkmal für Luther und Melanchthon von Johannes Schilling am 10. November 1883 enthüllt (Kriegsverlust). Im gleichen Jahr entstanden Lutherdenkmäler in Annaberg und Grimma, im Jahr darauf ein Gedenkobelisk mit Reliefbildnissen Luthers und seiner Frau auf dem Gut Zöllsdorf (jetzt zu Neukieritzsch bei Borna gehörend), das Luther seiner Frau 1540 als Witwensitz schenkte.[115] In Freiberg wurde gegenüber der Goldenen Pforte des Domes eine Lutherbüste in doppelter Lebensgröße aufgestellt. Das Denkmal wurde 1917 heroisierend zu einem Lutherbrunnen umgestaltet. Es folgten Lutherdenkmale in Oederan (1884), Lengefeld/Erzgebirge (1887), Döbeln (1902), Dippoldiswalde (1902/03) sowie Görlitz (nach Kriegsverlust Neuguss und Wiederaufstellung 1983). 1891 entstand an St. Marien in Zwickau die Reihe der Statuen von wichtigen Frauen und Männern der Reformationsgeschichte, darunter auch Luther und Melanchthon. In Böhlitz bei Wurzen wurde 1999 eine Lutherbüste zur 200-Jahr-Feier der Martin-Luther-Kirche aufgestellt.

Die rasante Entwicklung der Einwohnerzahl in den Städten erforderte die Teilung der bisherigen, zu groß gewordenen Kirchgemeinden und den Bau neuer Kirchen. 1883 wurde der Grundstein für die Lutherkirche in Leipzig gelegt sowie für die Martin-Luther-Kirche in Dresden. Es folgten die Lutherkirchen in Wilkau-Haßlau (1890/91), Radebeul (1891/92), Ossa (1892), Limbach-Oberfrohna (1893), Cunersdorf bei Annaberg (1896), Hohndorf (1889), Görlitz (1898/1901), Meißen (1901/1909), Kändler (1902), Zwickau (1902/1906), Chemnitz (1905/1908), Glauchau (1909), Klingenthal-Brunndöbra (1909), Neuwürschnitz (1925/26), Ellefeld (1926), Heidenau (1931) und Crimmitschau (1937).

Die Baugeschichte der Crimmitschauer Lutherkirche ist in vielem charakteristisch für das Luthergedenken im Laufe der Zeit. 1883 wird die Kollekte bei der großen Gedenkfeier zum 400. Geburtstag Luthers für eine neue Lutherkirche bestimmt. Am 11. November 1887 wird ein Kirchbauverein gegründet, vier Jahre später der Bauplatz erworben. Der frühere Leitelshainer Gemeindebezirk wird 1912 selbständig und erhält den Namen „Luthergemeinde" Der Erste Weltkrieg macht weitere Aktivitäten unmöglich. Alle Ersparnisse fallen der Inflation zum Opfer. Erst 1935 kann der erste Spatenstich erfolgen. Die Weihe der von Oswin Hempel aus Dresden entworfenen Kirche wird im März 1937 gefeiert. Die Bronzefigur Luthers des Dresdner Bildhauers Herbert Volwahsen wird 1944 gegossen, kann aus den Trümmern der Bildhauerwerkstatt geborgen werden und wird 1948 im Turmbereich aufgestellt.[116]

Ältere Kirchen bekamen den Namen Martin-Luther-Kirche oder Lutherkirche, so z.B. in Oberpfannenstiel bei Aue, Kleinrückerswalde (1897), die frühere Bartholomäuskirche in Plauen (1883), Markkleeberg (1903), Beiersdorf bei Löbau (1917), Freital-Döhlen (1921), die Kirche in Oberwiesenthal (1927), Schönheide, Geringswalde (1933), ferner Böhlitz, Chemnitz-Schönau und Waldenburg. Gemeindehäuser oder diakonische Einrichtungen erhielten den Namen Lutherhaus oder Lutherstift. An markanten Stellen wurden im Gedenken an die Geburt Martin Luthers 1483 oder an die Ereignisse von 1517, 1530 oder 1539 Luthereichen oder Lutherlinden gepflanzt.

Im Ersten Weltkrieg fand das Lutherjubiläum 1917 nur in begrenztem Rahmen statt. Einesteils sollte mit dem Hinweis auf Luther der Kampfeswille gestärkt werden, anderenteils widersprach die Brutalität des Krieges dem Versuch, Luther im Sinne des vorherrschend gewordenen Kulturprotestantismus nationalistisch zu vereinnahmen und als Verkörperung des Deutschtums zu feiern.

Das Reformationsjubiläum in Sachsen 1939 war überschattet von jahrelangen innerkirchlichen Auseinandersetzungen zwischen der Bekennenden Kirche in Sachsen und den Deutschen Christen in Kirchgemeinden und in der Kirchenleitung.

Das Lutherjahr 1983 nötigte in der DDR zu einem differenzierteren Lutherbild, das den Reformator nicht mehr ideologisch einseitig als Fürstenknecht und Bauernfeind klassifizierte. Das Lutherjubiläum zog eine vorsichtige Öffnung zur Wahrnehmung bestimmter Facetten des „nationalen Kulturerbes" nach sich, das bisher nur ideologisch selektiv rezipiert wurde.

Allerdings musste der Bund Evangelischer Kirchen auf die Eigenständigkeit des kirchlichen Lutherjubiläums gegenüber der Lutherehrung des Staatlichen Luther-Komitees dringen. Dies kam beispielsweise in dem Motto der Kirchentage an vielen Orten zum Ausdruck. Das Leitthema „Gott über alle Dinge" für regionale Kirchentage, das aus der Erklärung des Ersten Gebotes im Kleinen Katechismus Martin Luthers stammt, setzte eine deutliche Position gegen den weltanschaulichen Totalitätsanspruch des Staates.

Die ökumenischen Begegnungstage am 10. und 11. November 1983 in Leipzig mit der Predigt des Erzbischofs von Canterbury, Robert Runcie, weckten den Wunsch nach einer engeren Gemeinschaft zwischen der Kirche von England und den Gliedkirchen der Evangelischen Kirche in Deutschland sowie des Bundes Evangelischer Kirchen in der DDR. 1989 konnte die Meissen-Erklärung (Meissen Agreement) abgeschlossen und 1991 unterzeichnet werden, die eine gegenseitige Anerkennung als Kirche ausspricht. Das Reformationsgedenken von 1983 war auch impulsgebend für eine Intensivierung der ökumenischen Kontakte zur römisch-katholischen Kirche und für eine Verstärkung der gemeinsamen theologischen Forschung.

Das Jubiläum „Luther 2017 – 500 Jahre Reformation" wird die Möglichkeit geben, in einem von ideologischen Vorgaben freien Reformationsgedenken die Bedeutung der Person Martin Luthers und der anderen Reformatoren sowie die Auswirkungen der Reformation für die Kirche und für die Gesellschaft in Sachsen, in Deutschland und in Europa in weltweiter Perspektive herauszustellen.

Ausgangspunkt werden die theologischen Kernthemen der Reformation sein:
- die Konzentration auf das biblische Zeugnis („allein die Schrift"/*sola scriptura*) als Ursprungsquelle des Glaubens und als Unterscheidungskriterium dafür, was genuin den Inhalt des christlichen Glaubens ausmacht und was als heutige Gestaltungsformen der Frömmigkeit und der Kirchlichkeit sich diesem Kriterium stellen muss;

- das Verständnis des Glaubens als Vertrauen auf die unverdientermaßen zukommenden Vorgaben, die allen menschlichen Bemühungen vorausgehen („allein aus Glauben"/*sola fide*) und mit dem Lebensweg und Lebenswerk Jesu Christi verbunden sind und so exemplarisch sichtbar werden („allein Christus", *solus Christus*);
- der Vorrang der Barmherzigkeit und Gnade („allein aus Gnade"/*sola gratia*), die dem Menschen eine unzerstörbar Würde und innere Freiheit zugesteht, unabhängig von Leistungsvermögen, von Scheitern und von einer gelingenden oder noch ausstehendem Neuausrichtung des Lebens zu seiner ursprünglichen Bestimmung.

Damit wird das Verhältnis des Menschen zu Gott, zu sich selbst, zu den Mitmenschen und zur Welt in neuer, tragfähiger Weise neu konfiguriert. Diese charakteristische Prägung des Menschenbildes und Weltverständnisses führt zur persönlichen, gemeinschaftsbezogenen und gesellschaftsbezogenen Freiheit und Verantwortung.

Das Reformationsjubiläum 2017 wird Impulse geben, um diese Grundeinsichten neu zu erfassen und in das heutige persönliche und gemeinschaftliche Alltagsleben zu übertragen. Diese Kernpunkte können hilfreich für Gespräche mit anderen christlichen Konfessionen und mit anderen Religionen und Weltanschauungen werden, um das Gemeinsame zu entdecken. Sie helfen auch, das Unterscheidende klarer bezeichnen zu können, damit auf einer solchen Basis heutige gemeinsame Herausforderungen gemeinsam in Angriff genommen werden können.

Auch die kritische Auseinandersetzung mit der Reformation muss geführt werden, beispielsweise zur Stellung Luthers zu den Juden. Die bereits erzielten Ergebnisse des Dialogs zwischen Juden und Christen sind noch nicht Allgemeingut geworden.

Die Gewalt gegen die Wiedertäufer in der Reformationszeit ist Hintergrund eines beiderseitigen Buß- und Versöhnungsritus zwischen dem Lutherischen Weltbund und der Mennonitischen Weltkonferenz bei der 11. Vollversammlung des Lutherischen Weltbundes in Stuttgart 2010 gewesen. Es war im internationalen Maßstab ein wichtiger Schritt, um das Reformationsjubiläum 2017 in neuer Weise feiern zu können.

Das Reformationsjubiläum wird kein auf Deutschland begrenztes, nur nationales Ereignis sein. Die Reformation ist „Weltbürgerin" geworden und entfaltet weltweit ihre Prägekraft in allen Kontinenten.

Das Reformationsjubiläum 2017 soll Impulse für die Vertiefung der ökumenischen Beziehungen geben, aufbauend auf dem bisher Erreichten, um gemeinsam weitere Schritte zu gehen.

Die historische Erinnerung an die Reformation wird die Kirche der Reformation und andere Kirchen daran erinnern können, dass sie eine Kirche in der Reformation ist.

„Zukunftsoffen, weltoffen und ökumenisch" [117] – so weitet sich der Blick von der Beschäftigung mit der Vergangenheit in die Zukunft.

Der Lutherweg in Sachsen (in Planung)

Der Lutherweg in Sachsen lädt ein, Wirkungsstätten Martin Luthers und namhafter Frauen und Männer zu besuchen, die sich für die Reformation einsetzten. Der Lutherweg macht den Werdegang, die Auswirkungen und das Weiterwirken der Reformation in Sachsen erlebbar.

Der Lutherweg führt als Wanderweg durch landschaftlich reizvolle Regionen und nutzt die alten Verbindungswege in der Reformationszeit. Wo viel befahrene Straßen das Wandern auf den historischen Wegen nicht mehr möglich machen, werden die Wanderer auf geeignete Wanderwegen zum nächsten Ort geleitet.

Neben Informationen über Land und Leute und über die historischen Orte nimmt der Gedanke des Pilgerns einen wesentlichen Platz ein. Was zu sehen und zu erleben ist, kann anregen, den eigenen Lebensalltag und die innere Orientierung zu bedenken.

Manchmal tut es gut, einen neuen Weg zu gehen, um Zeit zur Besinnung und zum Gebet zu finden. Das schafft den Freiraum, den eigenen Lebensweg zu überdenken und neue Ziele fassen zu können. In dieser Weise nimmt der Lutherweg die Anliegen des spirituellen Tourismus auf.

Der Lutherweg in Sachsen ist Teil des Mitteldeutschen Lutherweges, zu dem die Lutherwege in Sachsen-Anhalt und Thüringen gehören. Zugleich bestehen über den Jakobsweg und über den Lutherweg in Bayern die Anschlüsse an das internationale Netz der Wanderwege. Der Lutherweg gehört zu den gesamteuropäischen Angeboten des spirituellen Tourismus. Der Lutherweg in Sachsen führt zu Orten, in denen sehr bald die Reformation Fuß fasste, wie in Torgau, Eilenburg und Zwickau. Einige Stationen sind eng verbunden mit dem Lebensweg der Frau Luthers, Katharina von Bora, der Herzogin Elisabeth von Sachsen (Rochlitz) und der Kurfürstin Sophie (Colditz).

Es ist zu entdecken, wie die Bewohner eines Ortes zur Reformation fanden (Döbeln), wie Adlige die Reformation beförderten (Gnandstein, Glauchau), wie die Räte von Städten sich der Reformation anschlossen. Auf der Spurensuche zeigt sich auch, wie an vielen Orten längst reformatorische Ideen lebendig waren, ehe in dem albertinischen Landesteil Sachsens 1539 die Reformation eingeführt werden konnte.

Am Lutherweg liegen Orte, wo bis heute spürbare Auswirkungen und Impulse der Reformation sichtbar sind, beispielsweise in Grimma und Leipzig (Schulbildung und universitätre Ausbildung), in Torgau, Colditz und Mügeln (Musik) und in Leisnig (neue Ansätze zur Erfüllung sozialer und diakonischer Aufgaben).

Unterwegs ist zu entdecken, wie die Anliegen der Reformation den Bau und die Ausgestaltung evangelischer Kirchen prägen. Herausragende Zeugnisse der Frömmigkeit in vorreformatorischer Zeit sind einbezogen, auch Wurzen und Mügeln, wo zeitweilig katholische Bischöfe residierten. Die Orte und Kirchen entlang des Lutherweges freuen sich auf viele Gäste, die sich auf den (Luther)weg machen.

Abbildungsverzeichnis

Vorsatz:
Karte „Die politische Gliederung Sachsens von 1485 bis 1547"
aus: Das Jahrhundert der Reformation, hrsg. von Helma Junghans, 2. Aufl. 2005

Nachsatz:
Karte Lutherweg (vorläufige Planung Frühjahr 2011)
behnelux gestaltung, Halle (Salle)

Endnoten

[1]   Vgl. Karlheinz Blaschke, Luthers Wege und Aufenthaltsorte im Gebiet der heutigen sächsischen Landeskirche, in: Amtsblatt der Ev.-Luth. Landeskirche Sachsens, 1996, S. B 10 ff. Dieser Aufsatz beschränkt sich auf das Gebiet der heutigen Ev.-Luth. Landeskirche Sachsens, das mit dem größeren Gebiet des Freistaates Sachsen nicht voll identisch ist. Zu Melanchthon vgl. Melanchthons Briefwechsel, Band 10, Orte A–Z und Itinerar, Stuttgart 1998; vgl. auch: Martin Luther, Stätten seines Lebens und Wirkens, Berlin 1983; Heinz Stade, Thomas A. Seidel, Unterwegs zu Luther, Weimar, Eisenach 2010.

[2]   Im Purschensteiner Gebiet um Frauenstein und Neuhausen zwang Kaspar III. von Schönberg, der sich erst nach 1539 der Reformation zuwandte, seine evangelisch gesinnten Untertanen, die begonnen hatten, im reformatorischen Geist das Abendmahl „unter beider Gestalt" zu empfangen, wieder zur katholischen Abendmahlspraxis „in einer Gestalt" ohne den Empfang des Kelches. Luther schrieb im März 1531 an den Bürgermeister und Richter zu Frauenstein: „da sei Gott vor, dass ihr wider Euer Gewissen handeln solltet". Gott möge „Hilfe und Mittel schicken, damit Ihr bei gutem Gewissen bleibt", D. Martin Luthers Werke, Briefwechsel, Band 6, Weimar 1935, S. 54 (Nr. 1795, vgl. Nr. 1832, 1833).

[3]   So beispielsweise in Borna, in Grimma und Döbeln, in Schönbach bei Colditz und Großbuch bei Grimma, in Oelsnitz und Plauen im Vogtland, aber auch in Kamenz, Zittau, Bautzen und später in Görlitz.

[4]   Zur Reformationsgeschichte Sachsens vgl. grundlegend: Helmar Junghans (Hrsg.), Das Jahrhundert der Reformation in Sachsen, 2. Auflage Leipzig 2005; vgl. auch Neue Sächsische Kirchengalerie, Bd. 1 ff. Leipzig 1900 ff. (nicht erschienen sind die Bände für die Superintendenturen Annaberg, Dippoldiswalde, Dresden-Land, Großenhain, Leipzig-Stadt und Leipzig-Land, Rochlitz, Stollberg); Winfried Müller (Hrsg.), Perspektiven der Reformationsforschung in Sachsen. Ehrenkolloquium zum 80. Geburtstag von Karlheinz Blaschke (Kleine Schriften zur sächsischen Geschichte und Volkskunde, Band 12), Dresden 2008.

[5]   Carl August Hugo Burkhardt, Geschichte der sächsischen Kirchen- und Schulvisitationen von 1524 bis 1545, Leipzig 1879, Nachdruck Aalen 1981; Heiko Jaddatz, Die evangelischen Kirchenvisitationen in Sachsen 1524–1540, in: Glaube und Macht. Sachsen im Europa der Reformationszeit (2. Sächsische Landesausstellung Torgau), Aufsätze, Dresden 2004, S. 70–79.

[6]   Hierzu vgl. Junghans (wie Anm. 4), S. 65 f.; Elisabeth Werl, Die Familie von Einsiedel auf Gnandstein während der Reformationszeit in ihren Beziehungen zu Luther, Spalatin und Melanchthon, in: Herbergen der Christenheit 1973/74, Band IX, Berlin 1975, S. 47–63; Martina Schattkowsky, Adel und Reformation. Grundherrschaftliches Engagement zur Konfessionsbildung im ländlichen Raum, in: Müller (wie Anm. 4), S. 125–133.

[7]   Vgl. Karte im Vorsatz.

[8]   Willi Rittenbach und Siegfried Seifert, Geschichte der Bischöfe von Meißen 968–1581 (Studien zur katholischen Bistums- und Klostergeschichte, Band 8), Leipzig [1965], S. 363 f., 369.

⁹ Alfred Schultze, Die Rechtslage der evangelischen Stifter Meißen und Wurzen (Leipziger Rechtswissenschaftliche Studien, Heft 1), Leipzig 1922; Joachim Huth, Der Besitz des Bistums Meißen, in: Franz Lau (Hrsg.), Das Hochstift zu Meißen (Herbergen der Christenheit, Sonderband 1), Berlin 1973, S. 77–97.

¹⁰ Siegfried Seifert, Niedergang und Wiederaufstieg der katholischen Kirche in Sachsen 1517–1773 (Studien zur Katholischen Bistums- und Klostergeschichte 6), Leipzig [1964], S. 11 ff.

¹¹ Erst 1807 kommt es durch ein königliches Mandat zu einer politischen und kirchlichen Gleichstellung der Lutheraner und Katholiken im Königreich Sachsen. Das Gebiet gilt als Missionsland (*terra missionis*) mit einer außerordentlichen katholischen Kirchenverfassung unter einem Apostolischen Vikar für die wettinischen Erblande und einem Apostolischen Präfekten für die Lausitz, seit 1845 in Personalunion. 1921 errichtet Papst Benedikt XV. das Bistum Meißen mit Sitz in Bautzen mit dem Diözesanbischof an der Spitze (*terra Sanctae Sedis*). Die Kollegiatkirche St. Petri in Bautzen wird zu einer Kathedralkirche mit einem Kathedralkapitel. Seit 1980 ist der Bischofssitz der Diözese Dresden-Meißen in Dresden.

¹² Vgl. Karlheinz Blaschke, Wirtschaft, Gesellschaft und Politik vor der Reformation, in: Junghans (wie Anm. 4), S. 17–35, bes. S. 29; [Leo] Bönhoff, Die Einführung der Reformation in den Parochien der sächsischen Oberlausitz (BSKG 27) Leipzig 1914, S. 132–178; [Hugo Friedrich] Rosenkranz (Hrsg.), Die Einführung der Reformation in der sächsischen Oberlausitz nach Diözesen geordnet, Leipzig 1917; vgl. auch Alexander Schunka, Die Sorben und die Lausitzen im internationalen Protestantismus des frühen 18. Jahrhunderts, in: Lars-Arne Dannenberg, Dietrich Scholze (Hrsg.), Stätten und Stationen religiösen Wirkens. Studien zur Kirchengeschichte der zweisprachigen Oberlausitz (Schriften des Sorbischen Instituts 48), Bautzen 2009, S. 268–283.

¹³ In der Oberlausitz wurden jedoch diejenigen Parochien, die politisch zum Herzogtum Sachsen gehörten, erst 1539 evangelisch (Großnaundorf, Großröhrsdorf, Höckendorf bei Königsbrück, Krakau, Lichtenberg und Oberlichtenau).

¹⁴ Zu den Einzelheiten vgl. auch Karlheinz Blaschke und Siegfried Seifert, Reformation und Konfessionalisierung in der Oberlausitz, in: Welt – Macht – Geist. Das Haus Habsburg und die Oberlausitz, hrsg. von Joachim Bahlcke und Volker Dudeck, Zittau 2002, S. 121–127.

¹⁵ Erst im so genannten Pönfall kommt es zu einem harschen Zugriff. Die Räte der Oberlausitzer Sechsstädte werden am 1. September 1547 nach Prag beordert, weil sie ihr nur widerwillig bereitgestelltes Truppenkontingent zur Unterstützung des Kaisers Karl V. im Krieg gegen den protestantischen Schmalkaldischen Bund vorzeitig zurückgezogen hatten. Den Sechsstädten werden ihre bisherigen rechtlichen Strukturen und ihre wirtschaftliche Macht durch horrende Zahlungsverpflichtungen entzogen. Ihre Vormachtstellung gegenüber dem Oberlausitzer Landadel wird damit gebrochen. Der Fortgang der Reformation indes bleibt davon im Wesentlichen unberührt, vgl. Karlheinz Blaschke, Der Pönfall der Oberlausitzer Sechsstädte von 1547, in: Ders., Beiträge zur Geschichte der Oberlausitz, Gesammelte Aufsätze, Zittau 2000, S. 87–92; vgl. ebenda: Die Reformation in den Lausitzen, S. 66–86.

[16] Alexander Schunka, in: Danneberg, Scholze (wie Anm.12), S. 269.

[17] Otto Clemen, Die Einführung der Reformation in Borna, Kleine Schriften zur Reformationsgeschichte (1897-1944), hrsg. von Ernst Koch, Band 1982, Band I, S. 488-494, Leipzig 1982; Philipp Mehlhose, Beiträge zur Reformationsgeschichte der Ephorie Borna, Band 1, Leipzig 1917, Band 2, Leipzig 1935.

[18] D. Martin Luthers Werke, Band 10/III, Weimar 1905, S. 86-124.

[19] Die Visitatoren laden die Pfarrer des Amtes Borna vor. Es wird erkundet, ob sie evangeliumsgemäß predigen, ob sie für ihr Amt geeignet sind, ob sie ledig oder verheiratet sind oder im Konkubinat leben. Es zeigt sich, dass die Finanzierung der Pfarrstellen meist nicht gesichert ist, vgl. dazu Junghans (wie Anm. 4), S. 52. Am 18. März 1528 erscheint aufgrund eines Entwurfs Melanchthons der „Unterricht der Visitatoren an die Pfarrherrn im Kurfürstentum Sachsen" mit Anweisungen zur Gestaltung der Verkündigung, des Lebens und der Leitung der Gemeinden. Martin Luther schreibt dazu das Vorwort; vgl. Heiko Jaddatz, Wittenberger Reformation im Leipziger Land, Leipzig 2007.

[20] Nach der Wittenberger Kapitulation und dem von Kurfürst Moritz im Juli 1547 nach Leipzig einberufenen Landtag.

[21] „in suo novo regno", vgl. Stefan Oehmig, Katharina von Bora, die Lutherin - eine Wirtschafterin und Saumärkterin, in: Katharina von Bora, die Lutherin, hrsg. von Peter Frybel, Wittenberg 1999, S. 113 f.

[22] Robert Koch, 400 Jahre Kantorei in Colditz, Colditz 1993, S. 8 bzw. 9 ff.

[23] Burkhardt (wie Anm. 5), S. 63 ff.; Georg Buchwald, Allerlei aus drei Jahrhunderten, Beiträge zur Kirchen-, Schul- und Sittengeschichte der Ephorie Zwickau, Zwickau 1888, S. 12 ff.

[24] Gottlieb Göpfert, Ältere und neuere Geschichte des Pleißengrundes, Zwickau 1794, S. 110.

[25] Siegfried Bräuer, Die Reformation und die Dichtung, in: Junghans (wie Anm. 4), S. 179-193, bes. 187 ff.

[26] Karl Palls, Der Reformationsversuch des Gabriel Zwilling (Didymus) in Eilenburg und seine Folgen (Archiv für Reformationsgeschichte 9) Leipzig 1912, S. 347-362. Luther nannte die Stadt „gesegnete Schmalzgrube".

[27] Neue Sächsische Kirchengalerie, Die Ephorie Grimma, Leipzig 1911, Sp. 37 ff., bes. Sp. 55.

[28] Gustav Emil Goldammer, Die kirchliche Entwicklung des Vogtlandes (Mitteilungen des Altertumsvereins Plauen 23), Plauen 1913, S. 144; Michael Goll, Die Einführung der Reformation in Plauen, Plauen 2003, S. 29.

[29] Vgl. Goll (wie Anm. 28), S. 33 ff. Joseph Levin Metzsch hatte als Student die Leipziger Disputation erlebt. Er gehörte zur Visitationskommission von 1533. Spalatin gab ihm den Ehrentitel „Zierde des Adels des gesamten Vogtlandes" (*totius Voitlandiae nobilitatis ornamentum*).

[30] Goll (wie Anm. 28), S. 92.

[31] Frank Meinel, Die Umstellung des Kirchenwesens zur Evangelisch-Lutherischen Kirche im 16. Jahrhundert in Schneeberg, in: Sonderausgabe Schneeberger Stadtanzeiger, Schneeberg 2006, S. 8-11, bes. S. 10; vgl. ebenda: Rolf Sieber, Nikolaus Hausmann. Der Reformator von Schneeberg und Zwickau, S. 11 f.; Felician Geß, Die Anfänge der Reformation in Schneeberg (Neues Archiv für sächsische Geschichte 18), Leipzig 1897, S. 31 ff.

[32] Reinhard Dithmar, Auf Luthers Spuren. Ein biographischer Reiseführer, Leipzig 2006, S. 126ff.; Die Stadt Torgau – Residenz und Verwaltungssitz, in: Glaube und Macht (wie Anm. 5), Katalog S. 277ff.

[33] Beispielsweise am 6. Mai 1522, am 3. und 4. August 1531, 16. und 17. April 1533, 27. Februar, 12. September, 1. und 2. Oktober 1536, am 5. Oktober 1544, ferner am 27. Februar 1536 bei der Hochzeit Philipps von Pommern mit der Schwester des Kurfürsten.

[34] D. Martin Luthers Werke, Band 49, Weimar 1913, S. 588.

[35] Michael Löffler, Norbert Peschke, Chronik der Stadt Zwickau, Zwickau 1993; Anne-Rose Fröhlich, Die Einführung der Reformation in Zwickau, Zwickau 1919.

[36] Luther widmete die lateinische Fassung Papst Leo X.

[37] Luther widmet ihm 1523 die für Wittenberg entstandene neue Ordnung für einen lateinischen Gottesdienst („Formula missae et communionis"), die – wie an der Widmung erkenntlich – eine über Wittenberg hinausreichende Vorbildwirkung für die Gestaltung des evangelischen Gottesdienstes in der Frühphase der Reformation hat.

[38] Vgl. Luther an den Zwickauer Rat am 27. September 1536: „man soll die zwei Regimente, weltlich und geistlich, oder Rathaus und Kirchen, nicht mengen, sonst frisst eins das andere und kommen beide um ..." (D. Martin Luthers Werke, Briefe, Band 7, Weimar 1937, Nr. 3085, S. 552).

[39] Ernst Fabian, Die Beziehungen Philipp Melanchthons zur Stadt Zwickau (Beiträge zur sächsischen Kirchengeschichte 11), Leipzig 1890, S. 47–76.

[40] Vgl. Neue Sächsische Kirchengalerie, Ephorie Glauchau, Leipzig 1910, Sp. 1–110.

[41] Der erste lutherische Pfarrer wird 1528 in Remse angestellt; es folgen 1542 Waldenburg, Lößnitz, Lichtenstein, Jerisau und Schwaben, 1543 Meerane und Oberwiera, nach 1546 Schönberg und Pfaffroda, 1557 Oberwinkel, 1559 Altstadt Waldenburg und Ziegelheim und später 1560 Langenchursdorf; vgl. Junghans (wie Anm. 4), S. 82f.

[42] Friedrich Myconius, der Reformator Thüringens, wird 1490 in Lichtenfels geboren. Er besucht ab 1503 die Lateinschule in Annaberg und tritt dort in das Franziskanerkloster ein. Er wendet sich gegen den Ablasshandel Tetzels in Annaberg und wird zu einem Multiplikator der Theologie Luthers. Er kommt in das Franziskanerkloster nach Weimar, wird dort 1522 in Klosterhaft genommen und von da nach Eisenach, später nach Leipzig und schließlich nach Annaberg gebracht. 1524 gelingt ihm die Flucht in das Kurfürstentum Sachsen. Er wird Prediger am Aussätzigenhospital in Zwickau. Zu Ostern 1524 predigt er in Zwickau und im Juli in Buchholz unter großem Zulauf aus Annaberg und aus den benachbarten Gemeinden, vgl. Hans-Ulrich Delius, Der Briefwechsel des Friedrich Myconius. Ein Beitrag zur allgemeinen Reformationsgeschichte und zur Biographie eines mitteldeutschen Reformators, Tübingen 1960.

[43] Vgl. August Wilhelm Manitius, Die Einführung der Reformation in Annaberg, 1840; vgl. Bernhard Wolf, Zur Geschichte der Reformation in Annaberg, Annaberg 1886; Bernd Moeller, Annaberg als Stadt der Reformation, in: Glaube und Macht, Bd. 1 (wie Anm. 5), S. 103–111.

[44] Willi Gerber, Die Reformation in Chemnitz, in: Wie Sachsen die Reformation erlebte, hrsg. von Martin Johannes Krömer, Dresden 1939, S. 173–194; Hermann Gustav Hasse, Geschichte der Sächsischen Klöster in der Mark Meißen und Oberlausitz, Gotha 1888.

[45] Melanchthon hatte Johannes Keller (Cellarius) vorgeschlagen, der am 15. Juli 1539 als Superintendent in Dresden eingeführt wird.

[46] Helmar Junghans, Die Ausbreitung der Reformation von 1517 bis 1539, in: Junghans (wie Anm. 4), S. 46.

[47] Heinrich Butte, Geschichte Dresdens bis zur Reformationszeit (Mitteldeutsche Forschungen 54), Graz 1967, S. 191 f.; Hans-Peter Hasse, Kirche und Frömmigkeit im 16. und frühen 17. Jahrhundert, in: Karlheinz Blaschke (Hrsg.), Geschichte der Stadt Dresden, Band 1, Dresden 2005, S. 459–523.

[48] Butte (wie Anm. 47), S. 281–285.

[49] Das Eichenportal zeigt in der Mitte Christus, der der Ehebrecherin mit seinem Wort die Sünde vergibt. Diesen Kernpunkt evangelischer Theologie unterstreichen die darüber stehenden Buchstaben „VDMIE" als Hinweis auf den Wahlspruch der protestantischen Wettiner „VERBUM DOMINI MANET IN ETERNUM" (Gottes Wort bleibt in Ewigkeit), vgl. Angelica Dülberg, „…weitaus die edelste Portalcomposition der ganzen deutschen Renaissance". Geschichte und Ikonographie des Dresdner Schlosskapellenportals, in: Denkmalpflege in Sachsen, Mitteilungen des Landesamtes für Denkmalpflege Sachsen, Jahrbuch 2004, Beucha 2005, S. 53–80.

[50] Bereits 1589 wird unter Kurfürst Christian I. das erste Dresdner Gesangbuch herausgegeben, das Teil des sorgfältig vorbereiteten Konzepts ist, die Reformation unter Aufnahme zentraler Anliegen des Calvinismus weiterzuführen. Mit dem Tod des Kurfürsten endet diese Entwicklung. Die 2. Auflage dieses Gesangbuches wird eingezogen, vgl. Christoph Wetzel, Das Kirchengesangbuch, in: Junghans (wie Anm. 4), S. 133–152, bes. S. 148 f.

[51] Vgl. den Katalog zur Ausstellung „ERHALT UNS HERR PEI DEINEM WORT", Staatliche Kunstsammlungen Dresden, Dresden 2011.

[52] Ein zweites Exemplar wird den Räten des Kaisers ausgehändigt und befindet sich jetzt in Stuttgart. Das dritte Exemplar gilt als verschollen. Luther verbrennt am 10. Dezember 1520 in Wittenberg ein gedrucktes Exemplar.

[53] Vgl. Die Reformation in Dokumenten aus den Staatsarchiven Dresden und Weimar und aus dem Historischen Staatsarchiv Oranienbaum, Weimar 1967, bes. S. 20 ff., 66 f.

[54] Karl-Herrmann Kandler, Luther und seine Freiberger Freunde, Vortrag vom 8. März 2005, über: www.freiberger-dom.de/gemeinde/sondertext/vortrag05.html; Günther Wartenberg, Die Einwirkungen Luthers auf die reformatorische Bewegung im Freiberger Gebiet und auf die Herausbildung des evangelischen Kirchenwesens unter Herzog Heinrich von Sachsen, in: Ders., Wittenberger Reformation und territoriale Politik, Gesammelte Aufsätze (Arbeiten zur Kirchen- und Theologiegeschichte 11), Leipzig 2003, S. 121–146.

[55] Otto Clemen, Zur Reformationsgeschichte von Frauenstein (Beiträge zur sächsischen Kirchengeschichte 43), Leipzig 1934, S. 3–18; vgl. oben bei Anm. 2.

[56] D. Martin Luthers Werke, Briefe, Band 3, Weimar 1933, S. 92–95 (Nr. 625). Luther polemisiert mit einer Spottschrift gegen ein satirisches Flugblatt über das „Mönchskalb zu Freiberg", das 1522 in Waltersdorf bei Freiberg mit Missbildungen zur Welt gekommen war und von einem Prager Hofastronom auf Luther gedeutet wird.

[57] Karl-Hermann Kandler, Das Kollegiatstift Freiberg und sein Verhältnis zum Hochstift Meißen, in: Monumenta Misnensia (Jahrbuch für Dom und Albrechtsburg zu Meißen 7), Meißen 2005/2006, S. 96–104.

[58] Friedrich Seifert, Die Reformation in Leipzig, Leipzig 1883; Helmar Junghans, Luthers Beziehungen zu Leipzig bis zu seinem Tode 1546, in: Luther und Leipzig, Beiträge und Katalog zur Ausstellung, hrsg. von Ekkehard Henschke und Klaus Sohl, Leipzig 1996, S. 7–24.

[59] Sie wurde 1547 zerstört. An dieser Stelle steht jetzt das Neue Rathaus. Die Predigt Luthers vom 29. Juni auf der Pleißenburg druckte sogleich Wolfgang Stöckel in Leipzig. Der Titelholzschnitt gilt als die älteste Darstellung Luthers; vgl. Armin Kohnle und Markus Hein (Hrsg.), Die Leipziger Disputation 1519 (Herbergen der Christenheit, Sonderband 18), Leipzig 2011.

[60] Hans-Peter Hasse, Die Beziehungen Philipp Melanchthons nach Leipzig 1550 bis 1560, in: Philipp Melanchthon und Leipzig. Beiträge und Katalog zur Ausstellung, Universität Leipzig 1997, S. 51–64.

[61] Geistliche Lieder. Mit einer neuen Vorrede D. Martin Luthers, 1545; vgl. Wetzel (wie Anm. 50), S. 133–152, bes. S. 140 ff. Valentin Schumann ediert zuvor als Nachdruck 1539 in Leipzig das 1529 in Wittenberg von Joseph Klug gedruckte Gesangbuch. Weitere Ausgaben davon erscheinen 1540, 1542 und 1543.

[62] Später verordnen die Generalartikel von 1580, dass für jede Gemeinde der Inhaber des Kirchenpatronats und der Pfarrer die Kirchväter bestimmen, die auf die Verwaltung der Finanzen und Gebäude achten, für den Grund- und Waldbesitz und für den Gemeinen Kasten bzw. für die Verteilung von Kirchengeldern an die Armen verantwortlich sind. 1868 tritt die „Kirchenvorstands- und Synodalordnung für die evangelisch-lutherische Kirche des Königreichs Sachsen" in Kraft.

[63] Vgl. Günther Wartenberg, Philipp Melanchthon und die sächsisch-albertinische Interimspolitik, in: Wartenberg (wie Anm. 54), S. 87–103.

[64] Martin Petzoldt, Die Wirkung Luthers auf Musik und Gottesdienst in Leipzig, in: Luther und Leipzig (wie Anm. 58), S. 71–81, bes. S. 73.

[65] Johann Ludwig Rüling, Geschichte der Reformation von Meißen im Jahre 1539 und folgenden Jahren, Meißen 1839, S. 2 ff.

[66] Es wird von Verbrennungen der Bücher Luthers in Meißen berichtet, vgl. Rittenbach (wie Anm. 8), S. 363.

[67] Heinrich Herzog, Das Meißner Konsistorium und die Anfänge des sächsischen Konsistorialwesens, in: Lau (wie Anm. 9), S. 269–300, bes. S. 279 ff.

[68] So argumentierte auch Herzog Georg der Bärtige, vgl. Matthias Donath, Das Bischofsschloss in Meißen (Monumenta Misnensia. Jahrbuch für Dom und Albrechtsburg zu Meißen 6), Meißen 2003/2004, S. 53–113, bes. S. 66.

[69] Hugo Görner, Die Einführung der Reformation in der Diöcese Pirna, Pirna 1883, S. 10 ff.

[70] Die Tischgespräche und Tagebücher sind herausgegeben in: D. Martin Luthers Werke, Tischreden, Band 3 bis 6, Weimar 1914 ff.

[71] Gerhard Planitz, Zur Einführung der Reformation in den Ämtern Rochlitz und Kriebstein (Beiträge zur sächsischen Kirchengeschichte 17), Leipzig 1904, S. 24–141, bes. S. 46 f.; André Thieme, Religiöse Rhetorik und symbolische Kommunikation. Herzogin Elisabeth von Sachsen am Dresdner Hof (1517–1537), in: Müller (wie Anm. 4), S. 95–106.

[72] Elisabeth Werl, Aus der Reformationsgeschichte der Stadt Mittweida, in: Lau (wie Anm. 9), S. 223–240.

[73] Planitz (wie Anm. 71), S. 71.

[74] Werl (wie Anm. 72), S. 229; zum Folgenden vgl. auch Junghans (wie Anm. 4), S. 62 f.

[75] Brief vom 20. Juli 1546, vgl. Werl (wie Anm. 72), S. 236.

76 Ralf Thomas, Die Einführung der Reformation im Meißner Stiftsgebiet unter besonderer Berücksichtigung des Wurzener und Mügelner Territoriums, in: Lau (wie Anm. 9), S. 241-267; ders., Das Kollegiatstift St. Marien in Wurzen (Ecclesia Misnensis, Jahrbuch des Dombauvereins Meißen. Festschrift für Karlheinz Blaschke), Meißen 2002, S. 2-40.

77 Einer Obrigkeit, die „Recht und Frieden anbietet", gegebenenfalls unter Verzicht auf eigenes Recht, ist zu folgen. Luther drängt auf die Annahme des Spruchs eines Schiedsgerichts, das nötigenfalls eine Notwehr zulässt. Wo aber Unfriede und Rache um sich greifen, rät Luther, „dass wer unter solchem unfriedlichem Fürsten Krieg führt, der laufe, was er laufen kann, seine Seele errette und seinen rachgierigen, unsinnigen Fürsten allein und für sich selbst mit denen zusammen Krieg führen lasse, die mit ihm zum Teufel fahren wollen", vgl. D. Martin Luthers Werke, Briefe, Band 10, Weimar 1943, S. 32-36 (Nr. 3733).

78 André Thieme, Herrschaft und Amt Stolpen in der Hand der Bischöfe von Meißen (Monumenta Misnensia 6) Meißen 2003/04, S. 114-127; Jens Bulisch, Die gebremste Reformation. Beobachtungen zur Einführung eines evangelischen Kirchenwesens in der Oberlausitz, in: Dannenberg, Scholze (wie Anm. 12), S. 253-267.

79 Vgl. Neue Sächsische Kirchengalerie, Die Ephorie Pirna, Leipzig 1914, Sp. 507f.

80 Musik zwischen Leipzig und Dresden. Zur Geschichte der Kantoreigesellschaft in Mügeln 1571-1996, hrsg. von Michael Heinemann und Peter Wollny, (Schriftenreihe zur Mitteldeutschen Musikgeschichte. II, 2), Oschersleben 1996.

81 Bönhoff (wie Anm. 12), S. 132-178, bes. 136 f.; Blaschke, Seifert (wie Anm. 14), S. 121-128; Siegfried Seifert, 775 Jahre Domkapitel St. Petri, Bautzen 1996, bes. S. 16ff.

82 Vgl. Hagen Schulz, Bautzen zwischen Reformation, Pönfall und Dreißigjährigem Krieg, in: Caspar Peucer (1525-1602). Wissenschaft, Glaube und Politik im konfessionellen Zeitalter, hrsg. von Hans-Peter Hasse und Günther Wartenberg, Leipzig 2004, S. 189-236, bes. 213ff., 215.

83 Uwe Koch, Die Familie Peucer und Caspar Peucers Beziehung nach Bautzen, in: Hasse, Wartenberg (wie Anm. 82), S. 175-187. Caspar Peucer veröffentlichte Briefe und Reden Melanchthons.

84 Seifert (wie Anm. 10), bes. S. 37ff.

85 Schulz (wie Anm. 82), S. 197.

86 Wetzel (wie Anm. 50), S. 141f.

87 Vgl. dazu Seifert (wie Anm. 10), S. 39.

88 Vgl. Bönhoff (wie Anm. 12), S. 137.

89 Bönhoff (wie Anm. 12), S. 139 f.; Johannes Klein, Diözese Löbau, in: Rosenkranz (wie Anm. 12). S. 89 ff., 97 ff.

90 Zum Vorstehenden vgl. Lubina Mahling, Sorbisches kirchliches Leben in Löbau von der Reformation bis zum Anfang des 18. Jahrhunderts, Görlitz, Zittau 2011, bes. S. 30 ff., 94 ff.

91 Johann Ludwig wird 1529 als Pfarrer zu Misslareuth im Vogtland von den Visitatoren als gelehrt und geschickt beurteilt. Er sei „des vergangenen sommers von Camitz in sechs steten vertrieben" worden, Bönhoff (wie Anm. 12), S. 138.

92 Bönhoff (wie Anm. 12), S. 138 f., Moritz Oskar Sauppe, Diözese Kamenz, in: Rosenkranz (wie Anm. 12), S. 63 ff.

93 Infolge des sog. Pönfalls (vgl. Anm. 15) verliert der Rat 1549 sein Patronatsrecht, das er 1556 bzw. 1570 wieder erhält. Dadurch wird endlich die Reformation in Zittau befestigt, vgl. Bönhoff (wie Anm. 12), S. 140 f.; vgl. auch Moritz Oskar Sauppe, Diözese Zittau, in: Rosenkranz (wie Anm. 12), S. 120-140; insgesamt: Cornelius Stempel, Das Kirchenwesen im oberlausitzischen Zittau im 16. Jahrhundert, in: Dannenberg, Scholze (wie Anm. 12), S. 199-228.

94 Richard Jecht, Allgemeine Geschichte der Stadt Görlitz im Mittelalter, Bd. 1, Halbband 1, Görlitz 1926, S. 303; vgl. Alfred Zobel, Untersuchungen zu den Anfängen der Reformation in Görlitz und in der preußischen Oberlausitz, in: Neues Lausitzisches Magazin 101, Görlitz 1925, S. 133 ff.; 102, Görlitz 1926, 126 ff.

95 Jecht (wie Anm. 94), S. 314.

96 Vgl. Jecht (wie Anm. 94), S. 315. Rotbart muss 1525 versprechen, die Pfarrstelle aufzugeben, wenn er sich verheirate. Unter seinen Nachfolgern ist der erste verheiratete Pfarrer Wolfgang Sustelius, der 1545 sein Amt antritt.

97 Vgl. Blaschke, Seifert (wie Anm. 14), S. 127.

98 Es kann hier nur angedeutet werden, dass im 19. Jahrhundert in mehreren Schüben Evangelische aus Sachsen nach Nordamerika auswanderten, die bis heute ihre Identität mit ihrer Herkunft aus Sachsen bestimmen.

99 Karlheinz Blaschke, Wechselwirkungen zwischen der Reformation und dem Aufbau des Territorialstaates, in: Ders., Beiträge zur Verfassungs- und Verwaltungsgeschichte Sachsens, Ausgewählte Aufsätze, Leipzig 2002, S. 435-452.

100 Vgl. Uwe Schirmer, Sachsen und die Reichspolitik, in: Junghans (wie Anm. 4), S. 219-237, bes. S. 237.

101 Wolfgang Sommer, Die lutherischen Hofprediger in Dresden, Stuttgart 2006, S. 47 ff., 211 ff.

102 Ralf Thomas, Die Neuordnung der Schulen und der Universität Leipzig, in: Junghans (wie Anm. 4), S. 115-132, bes. S. 116; Hans-Werner Wollersheim, Philipp Melanchthons Einfluß auf das sächsische Schulwesen, in: Günter Wartenberg (Hrsg.), Werk und Rezeption Philipp Melanchthons in Universität und Schule (Herbergen der Christenheit, Sonderband 2), Leipzig 1999, S. 83-97.

103 Ursprünglich war Merseburg als Schulort vorgesehen.

104 Diesem Kloster gehörte auch der Ablassprediger Johann Tetzel an, der 1519 im Chor der Paulinerkirche bestattet wurde.

105 D. Martin Luthers Werke. Kritische Gesamtausgabe, Bd. 1-70, Weimar 1883-2009; D. Martin Luthers Werke. Kritische Gesamtausgabe, Briefwechsel, Bd. 1-18, Weimar 1930-1985; D. Martin Luthers Werke, Kritische Gesamtausgabe, Tischreden, Bd. 1-6, Weimar 1912-1921.

106 Britta Günther, Schloß Augustusburg, Leipzig 2000.

107 Die Historia Schneebergensis von 1716 (sog. Meltzer-Chronik) bezeichnet einen Prediger Amandus als Anhänger Karlstadts, dessen Bilderstürmerei in Wittenberg Luther mit den Invokavitpredigten 1521 zurückwies. Spalatin, Hofprediger in Wittenberg, später Pfarrer und Superintendent in Altenburg, neigte eher zu Radikalität. In Schneeberg veranlasste er 1534 bei der Visitation, das Sakramentshäuschen, die Seitenaltäre der Bergknappschaft und der Rosenkränzer abzubrechen. Die Glocken wollte er vom Turm werfen lassen.

108 Johann Michael Fritz, Das evangelische Abendmahlsgerät in Deutschland. Vom Mittelalter bis zum Ende des Alten Reiches, Leipzig 2004; ders., Die bewahrende Krafts des Luthertums. Mittelalterliche Kunstwerke in evangelischen Kirchen, Regensburg 1997.

[109] Vgl. Johannes Rautenstrauch, Luther und die Pflege der kirchlichen Musik in Sachsen, Leipzig 1907.

[110] Peter Kunze, Geschichte und Kultur der Sorben in der Oberlausitz, in: Geschichte der Oberlausitz, Leipzig 2001, S. 257-314, bes. S. 280ff.; vgl. Karlheinz Blaschke, Geschichte der Oberlausitz im Überblick, in: Karlheinz Blaschke, Heinrich Magirius, Siegfried Seifert (Hrsg.): 750 Jahre Kloster St. Marienstern, Festschrift, Halle 1998, S. 31-58, bes. S. 41.

[111] Zu sorbischen Übersetzung der Bibel und von Teilen der Bibel vgl. Erich Bryner, Art. Bibelübersetzungen, in: Die Religion in Geschichte und Gegenwart, 4. Aufl. Tübingen 1990, Band 1, Sp. 1511.

[112] Der Dresdner Oberhofprediger Mattias Hoe von Hoenegg (1580-1645) veröffentlichte 1618 in einem Sammelband die Gottesdienstordnungen und Kirchenmusik der Jubelgottesdienste in zahlreichen Orten Sachsens. Zum Ganzen vgl. Wolfgang Flügel, Konfession und Jubiläum. Zur Institutionalisierung der lutherischen Gedenkkultur in Sachsen 1617-1830 (Schriften zur Sächsischen Geschichte und Volkskunde 14), Leipzig 2005.

[113] „Wie sehr unsere Kirche Ursache habe, es nie zu vergessen, sie sei ihr Dasein vornehmlich der Erneuerung des Lehrsatzes von der freien Gnade in Christo schuldig" (1800). Diese Predigt wurde gedruckt und allen Lehrern und Pfarrern zugänglich gemacht. Es entspann sich eine eingehende Diskussion. Bis in die 20er Jahre des 19. Jahrhunderts gab es starke Zustimmung und Ablehnung dieser Reformationspredigt. Sie wurde auch ins Schwedische übersetzt.

[114] Zur 300-Jahrfeier der Augsburgischen Konfession am 25. Juni 1830 hatte Felix Mendelssohn Bartholdy, der spätere Leipziger Gewandhauskapellmeister, in Berlin seine Reformationssinfonie komponiert, in deren letztem Satz das Lutherlied „Ein' feste Burg ist unser Gott" im Mittelpunkt steht.

[115] Mit der Unterschrift „Zur Erinnerung an Dr. M. Luther und Kath. Luther", vgl. insgesamt: Otto Kammer, Reformationsdenkmäler des 19. und 20. Jahrhunderts. Eine Bestandsaufnahme (Stiftung Luthergedenkstätten Sachsen-Anhalt, Katalog 9), Leipzig 2004; auch: Gerlinde Wiederanders, Lutherdenkmäler in der DDR, in: Herbergen der Christenheit 13, 1981/82, Berlin 1982, S. 145-158.

[116] Klaus Appel, 60 Jahre Lutherkirche Crimmitschau, Crimmitschau 1997, bes. S. 2ff.

[117] Vgl. dazu: Luther 2010 - 500 Jahre Reformation. Planungen und Perspektiven, Bericht der Kirchenleitung der Evangelisch-Lutherischen Landeskirche Sachsens auf der Herbsttagung der Landessynode 2009, Amtsblatt 2010 Seite B 5-12. Die vorstehenden Bemerkungen nehmen Anregungen des Generalsekretärs des Lutherischen Weltbundes, Pfarrer Martin Junge, beim Kirchentag in Dresden 2011 auf; vgl. auch „Perspektiven für das Reformationsjubiläum 2017" des Wissenschaftlichen Beirates des Kuratoriums „Luther 2017 - 500 Jahre Reformation", 2010 (download: 2017@ekd.de).

Elke Strauchenbruch
Luthers Kinder

208 Seiten | mit 12 Abbildungen
Hardcover
ISBN 978-3-374-02812-2
EUR 14,80 [D]

Weder Pest noch Standesunterschiede hielten Luther davon ab, eine »wunderlich gemischte Schar aus jungen Leuten, Studenten, jungen Mädchen, Witwen, alten Frauen und Kindern« aufzunehmen. Mit Humor, Liebe und Nervenstärke erzogen er und seine Frau Katharina von Bora sechs eigene und zahlreiche andere Kinder von Verwandten und Freunden.
Die Historikerin Elke Strauchenbruch erzählt vom Familienleben im Hause Luther und berichtet, was aus den Kindern des großen Reformators wurde, der die »Kleinen« für die »größte und schönste Freude im Leben« hielt.

EVANGELISCHE VERLAGSANSTALT
Leipzig

www.eva-leipzig.de

Elke Strauchenbruch

Luthers Weihnachten

152 Seiten | Hardcover
ISBN 978-3-374-02905-1
EUR 14,80 [D]

Luther setzte das Christkind in den Mittelpunkt des bunten
weihnachtlichen Treibens. Das neugeborene Kind ist Gottes
Geschenk an die Welt. Immer stärker erhielt Weihnachten
von daher den Charakter des frohen Familienfestes. Im
19. Jahrhundert wurde eine Grafik, die den Reformator mit
seiner Familie in der heimeligen Stube unter dem Weih-
nachtsbaum zeigt, geradezu zum Symbol der deutschen
Weihnacht.
Von Luther ausgehend erzählt Elke Strauchenbruch von
Weihnachtsbräuchen, die in der Reformationszeit ihren
Anfang nahmen und uns bis heute erfreuen.

EVANGELISCHE VERLAGSANSTALT
Leipzig

www.eva-leipzig.de

Martin Luther

Plaudereien an Luthers Tafel

Köstliches und Nachdenkliches

Herausgegeben von
Thomas Maess

120 Seiten | Hardcover
ISBN 978-3-374-02804-7
EUR 14,80 [D]

Luthers Tischreden sind legendär. Generationen von christlichen Familien, von Theologen, von Sprachforschern und Dichtern haben aus dem Schatz der Tischreden Köstliches geschöpft. Sie sind eine reichhaltige Quelle für theologische Dispute, für Volkswitz und Volksweisheit, für Zitatenbücher und deftige Sprüche. Es gibt praktisch kein Thema, über das Martin Luther nicht bei Tisch geplaudert hätte. Und was er sagte, hat Jahrhunderte überdauert – es fand Eingang in unsere Sprachkultur und überzeugt noch immer in seiner Klarheit, Prägnanz und Treffsicherheit. Luthers Reden haben sich tief ins Volksgedächtnis eingeprägt und so lohnt es sehr, eine Auswahl davon in diesem Büchlein aufs Feinste angerichtet neu zu präsentieren.

EVANGELISCHE VERLAGSANSTALT
Leipzig

www.eva-leipzig.de

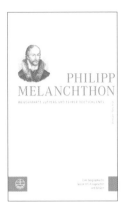

Bettine Reichelt

Philipp Melanchthon

Weggefährte Luthers und Lehrer
Deutschlands

Eine biographische Skizze mit
Aussprüchen und Bildern

136 Seiten | mit 13 Abbildungen
Klappenbroschur
ISBN 978-3-374-02781-1
EUR 14,80 [D]

Die Wirkung der theologischen und vor allem pädagogischen Arbeit Philipp Melanchthons kann kaum überschätzt
werden. Er schrieb eine Vielzahl von Lehr- und Schulbü-
chern, war zentral an der Entstehung reformatorischen
Schrifttums beteiligt und legte erstmals eine systematische
Zusammenfassung der neuen evangelischen Lehre vor. Der
auf Melanchthon zurückgehende Einfluss des Humanismus
auf die entstehenden evangelischen Kirchen ist bis heute
für die enge Verbindung von Protestantismus und Bildung
verantwortlich.
Beigefügte Zitate aus Briefen, Gedichten und Glaubenstex-
ten runden die biographische Skizze ab.

EVANGELISCHE VERLAGSANSTALT
Leipzig

www.eva-leipzig.de

Karte zum Lutherweg in Sachsen (Planung)